EQUÍVOCO

Blucher

EQUÍVOCO

Ensaios sobre o feminino

Organizadoras

Adriana Grosman

Malu Pessoa Loeb

Equívoco: ensaios sobre o feminino

Editora Edgard Blücher Ltda.

Publisher Edgard Blücher
Editor Eduardo Blücher
Coordenação editorial Jonatas Eliakim
Produção editorial Isabel Silva
Preparação de texto Ana Maria Fiorini
Diagramação Negrito Produção Editorial
Revisão de texto Bárbara Waida
Capa Leandro Cunha
Imagem da capa *Separador* (2000), Malu Pessoa Loeb

Blucher

Rua Pedroso Alvarenga, 1245, 4º andar
04531-934 – São Paulo – SP – Brasil
Tel.: 55 11 3078-5366
contato@blucher.com.br
www.blucher.com.br

Segundo o Novo Acordo Ortográfico, conforme 5. ed. do *Vocabulário Ortográfico da Língua Portuguesa*, Academia Brasileira de Letras, março de 2009.

Dados Internacionais de Catalogação na Publicação (CIP)
Angélica Ilacqua CRB-8/7057

Equívoco : ensaios sobre o feminino / Juliana Gerken de Carvalho [et al.] ; organização de Adriana Grosman, Malu Pessoa Loeb. – São Paulo : Blucher, 2021.

130 p.

Bibliografia
ISBN 978-65-5506-256-4 (impresso)
ISBN 978-65-5506-253-3 (eletrônico)

1. Psicanálise. I. Carvalho, Juliana Gerken de. II. Grosman, Adriana. III. Loeb, Malu Pessoa.

21-1872 CDD 150.195

Índice para catálogo sistemático:
1. Psicanálise

Conteúdo

Prefácio

Ricardo Costa[1]

Eu, Penteu.

Com os olhos na arena dos debates contemporâneos, onde conceitos como "lugar de fala" ocasionalmente são surpreendidos no trono imperial, polegares obscenos sambando pra cima e pra baixo, confesso que me acovardei com o convite para escrever sobre este livro.

Sempre me pareceu burrice do sabidíssimo Tirésias, já citando de segunda mão o ensaio da Malu Pessoa Loeb, meter-se a palpitar sobre coisas de mulher, sendo inclusive a tal mulher uma deusa e

1 Artista visual, pesquisador e antropólogo. Atua nas áreas de artes plásticas, literatura, ilustração, cenografia, figurinos, objetos cênicos e teatro de bonecos. Participou de várias exposições no Brasil e no exterior e integrou o núcleo de direção de arte do Teatro Oficina, trabalhando em várias montagens, como *Os sertões*, *Bacantes*, *Cacilda! e Cacilda!!*, *O Rei da Vela* e *Roda Viva*. Desenvolveu ilustrações para jornais, revistas e livros, especialmente de literatura infantil e juvenil. É autor e ilustrador do livro *Odara, tudo que é bom e bonito*, uma recriação da mitologia dos orixás a partir da tradição oral dos terreiros de candomblé.

notória rabugenta. Tirésias acabou cego. Que minha ousadia seja mais bem recompensada, espero eu.

Sou homem, ainda que não daqueles fundamentalistas que andam por aí hoje em dia. As mulheres da minha vida teimam em levitar em esferas remotas, quase divinas, algumas tão irascíveis quanto a radiante Hera ou a "arquiteto" Lina Bo Bardi, outras sábias e acolhedoras como Nise da Silveira ou Elke Maravilha. Com mulheres observo. Nietzsche sugeriu um chicote, ainda que o látego tenha sido empunhado mesmo por Lou Andreas-Salomé, entronizada numa carroça puxada pelo filósofo, cena eternizada numa célebre fotografia.

Então homens são cavalos. E mulheres? O que são?

Um livro batizado de *Equívoco* que se propõe a investigar as possíveis interações entre as figuras da mãe e da mulher já me pega pelo calcanhar, provavelmente aquele lá do Aquiles, que tampouco era homem fundamentalista. Li os ensaios com prazer quase voluptuoso, como um Penteu *voyeur*, espionando a bacanal de sua mãe Agave na peça de Eurípedes. Como já disse e repito, com mulheres observo, mas aqui sou instigado a falar, ainda que preferisse cantar um ponto de mamãe Oxum ou de Maria Padilha, a puta dos reis de Espanha. E "Ensaio", "Vacilo" e "Equívoco" seriam os três movimentos dessa peça musical, nomes que me lembram golpes de capoeira, na ginga de quem não quer um conflito aberto e declarado. Esquiva, aú, armada, meia-lua, os movimentos da capoeira são sedução e encantamento, feitiço mesmo. Na roda, o berimbau instiga a mulher e a mãe a movimentos "equívocos", multiplicam-se os sentidos desdobrando possibilidades, é guerra, briga de rua, mas também é minueto barroco mineiro, dançado nos salões da rainha Xica da Silva.

Os textos de *Equívoco* conjuram mulheres de Chico Buarque, outro irmão *voyeur* meu e do Penteu. Vêm-me à memória, que só pode ser sempre afetiva, as prostitutas da Boutique dos Arcos, o puteiro da *Ópera do Malandro*:

Se acaso me quiseres

sou dessas mulheres

que só dizem sim.[2]

E no veludo quente da voz de Elza Soares, a grande mãe de Pindorama, título que se aplica à própria Elza e também à mãe da canção, para quem o filho ladrão fornece a "identidade" primeira, inaugural, aquela que faz da mulher alguém no mundo:

Me trouxe uma bolsa já com tudo dentro

Chave, caderneta, terço e patuá

Um lenço e uma penca de documentos

Pra finalmente eu me identificar, olha aí

Olha aí, ai o meu guri, olha aí

Esse é o meu guri.[3]

Mas também a mãe terrível, aquela que devora a prole para continuar vivendo inteira, Joana/Medeia de a *Gota d'água*. A mãe que transborda em fúria e vingança e só precisa de um único dia, só um dia, para perpetrar o sangrento ato que faz o tempo retroceder, as águas dos rios de Oxum voltarem às nascentes, desparindo os filhos e entranhando-os de volta no útero ou no sepulcro frio que, aqui, são exatamente a mesma coisa.

2 Buarque, C. (1979). Folhetim. In *Ópera do Malandro*. Rio de Janeiro: Polygram.

3 Buarque, C. (1981). O meu guri. In *Almanaque*. Rio de Janeiro: Ariola.

A pergunta da mãe/mulher, neste livro, ecoa a voz da Macabéa de Clarice Lispector: "Será que eu sou eu?".[4]

Identidade é destino ou construção?

A voz da avó repercute no tambor da caixa craniana da mãe, em diálogo interno herdado, determinando os espectros que assombrarão as encruzilhadas da subjetividade da neta. Avós, mães, netas, espelhos em frente de espelhos. Os espíritos ancestrais continuam falando da sombria morada dos mortos, mas vem Oiá Iansã, senhora dos eguns e, ainda, arquétipo pleno da fêmea guerreira, conquistadora e dona do seu desejo, orixá psicopompo que conduz e subjuga os habitantes do submundo, silenciando os seus clamores. Oiá é mulher plena, mas também arquétipo materno. Seu segundo nome, Iansã, significa mãe de nove filhos. O mito morde e assopra, porque sua linguagem natural é o paradoxo, único meio de comunicar aquilo que não deve ser pronunciado em voz alta, e o silêncio pode ser dom ou maldição, como é discutido em um dos ensaios deste livro. Oiá Iansã é construção e destino porque é uma deusa, mas muitas mulheres que conheço também o são, ou poderiam ser se quisessem, ainda que os deuses afro-brasileiros prefiram a nossa vida de mortais e por isso mesmo costumem vir dançar conosco, partilhar nossas misérias e nossas glórias.

Na minha experiência com a psicanálise, sempre me fascina o modo como essa arte me ancora na concretude do mundo. O melhor lugar é o lugar do humano, nada como dançar com os pés bem ancorados na terra, dançar alegre como um orixá, sem perder a condição humana. E assim, o título deste livro também pode nos remeter às sombras projetadas nas paredes da caverna de Platão, o simulacro. Mãe e mulher, deusas e putas são como um teatro de sombras, e o discurso psicanalítico poderia ser como um poema

---

4 Fala da personagem Macabéa no filme *A Hora da Estrela*, de Suzana Amaral.

tecido a dois, paciente e terapeuta, tentando explorar os objetos concretos que projetam as sombras, sem nunca tocá-los ou desvendá-los definitivamente, porque a natureza da poesia é justamente esta, uma aproximação cautelosa com o real, que é nefando e inefável como o mundo dos deuses. *Equívoco* são deusas nuas dançando com os pés descalços num chão de terra vermelha.

Pendurado no alto de um pinheiro, travestido de mulher porque não sou fundamentalista, como Penteu eu espionava a dança das bacantes enquanto lia este livro. O perigo iminente era ser descoberto pela grande mãe terrível Agave e ser estraçalhado pelas mãos frágeis das mênades. Mas as mulheres contemporâneas não abandonam seus lares, seus filhos e seus maridos para promover orgias nas matas, amamentar serpentes ou destroçar touros com as mãos nuas. Tranquilizo-me.

Logo a calma me abandona e a dúvida me aperta a boca do estômago: será que não?

Em *Equívoco*, somos confrontados com os desafios da teoria psicanalítica, lidando com os enredos concretos das mulheres contemporâneas, na vida cotidiana e nas projeções da arte. O palco onde se agitam esses atores é o consultório psicanalítico. Os autores dos textos deste livro são os aedos e os bardos que acolheram essas narrativas, meditaram sobre elas e as destrincharam. Na tragicomédia humana do cotidiano, as mulheres ainda enfrentam violentas deusas ancestrais, Pombas-giras ainda rodopiam em taças de champanhe, uma mãe anônima entrega o filho à correnteza do Nilo e uma tímida Ofélia ainda espera que o pai ou o amante venham evitar seu suicídio.

Finda a leitura, eu, Penteu, desci do pinheiro, tirei o vestido e limpei a maquiagem, porque sou homem, mas não sou fundamentalista.

Hera não me cegou por tagarelar sobre os seus segredos nem a mãe Agave arrancou minha cabeça por espionar suas orgias. Sorte minha.

São Paulo, dezembro de 2020,

ano da grande peste

Introdução

Adriana Grosman

Malu Pessoa Loeb

Equívoco: ensaios sobre o feminino surgiu do desejo de um grupo de pesquisa de formalizar um produto, isto é, de colocar um ponto de parada no trabalho de investigação e materializar uma produção escrita. Como o próprio nome aponta, representa um avanço do trabalho em relação ao feminino, que o separa de um lugar diminuído na relação com o masculino, fruto de um binarismo muito apontado e criticado pelas feministas e por trabalhadores assíduos contemporâneos da teoria *queer*. Não entraremos nessa discussão diretamente, mas o ponto ao qual a clínica psicanalítica nos leva é interessante para abrir espaço para esse debate. E principalmente equivocar alguns conceitos e ideias prontos a este respeito.

O Grupo de Leitura: Conflito Mãe x Mulher, em sua maioria composto de psicanalistas, mas não só, se encontra quinzenalmente desde 2015 no Instituto Sedes Sapientiae, em São Paulo. Vale a pena salientar que esse grupo de pesquisa só foi possível graças à inauguração de um dispositivo pelo Conselho de Direção do Departamento de Psicanálise: a incubadora de ideias é um espaço aberto dirigido aos seus membros, que aposta na reaproximação destes e em novos projetos, criando um lugar para outras conversas que antes não tinham um espaço.

Após pertencer ao Departamento de Psicanálise por mais de duas décadas na condição de membro, sugerimos um grupo de pesquisa para pensar a mulher mais além do conceito freudiano, que a equipara à mãe, no sentido de que apenas se completaria, se realizaria, com o amor de um filho, equivalendo, portanto, a mulher à maternidade. Assim, escrever mãe *versus* mulher já era ousar colocar essa equivalência em questão, a exemplo do que propusera a filósofa Élisabeth Badinter, que ficou conhecida por trabalhar "o mito do amor materno" (Badinter, 2009), pelo qual começamos nossa pesquisa. Avançar pelo vasto território do feminino, "continente negro", era a intenção. Feminino que Freud deixou como enigma – um enigma ao qual Lacan faz jus com o Heteros, o outro resistente à colonização fálica,[5] que inclusive sustenta a especificação do discurso do analista. Heteros, o diferente, o incomensurável, estabelece outra lógica – a lógica do *não todo* – para pensar a mulher.

Lacan inverte a fórmula freudiana da relação da maternidade com a feminilidade e diz que, para ser mãe, é preciso ser mulher. Ele chama atenção para o desejo dela: ali onde havia surgido a mãe do amor, ele invoca a mulher. Primeiro como a mulher do pai, além do Édipo, chegando à mulher barrada, não toda, e não toda ocupada com o homem ou filho dessa vez.

O que é importante elucidar, neste momento, é que não há uma resposta certa e absoluta para o que é ser mulher.

---

5 Refere-se à lógica do Um, que constitui um universo a partir da exceção, formando, portanto, um conjunto fechado, uma totalidade, um todo. Articula, assim, o Um com o todo do batalhão fálico dos homens. Eis a lógica da razão fálica (Quinet, 2012).

A partir do discurso analítico, porém, este originado na cultura, acreditamos ter avançado nessa construção. Gostaríamos, assim, de dividir com você – qualquer leitor que se interesse por saber algo deste campo – esta ideia nascida no grupo e levada adiante por mim, Adriana Grosman, e pela Malu Pessoa Loeb, que topou a empreitada de coordenar este projeto comigo.

O que compartilhamos aqui, portanto, são ideias, práticas clínicas, experiências, leituras, sem a preocupação de concluir pensamentos a respeito desse assunto, mas abrindo e trazendo questões em forma de ensaios, como chamamos os textos aqui apresentados, que sejam fáceis e atrativos de ler, mesmo para aqueles que, embora não debruçados na psicanálise, se vejam interessados por essa prática ou pelo tema abordado.

Esperamos que estes ensaios transmitam o clima de trabalho desse grupo, que contagia pela alegria, pela dedicação e pela troca de todos esses anos. O mais interessante é que fomos nos juntando na busca pela questão da mulher, do feminino, de Lacan, e fomos descobrindo que o estudo e a leitura, realmente, não se fazem sem o laço do grupo. Embora enlaçados cada um com a sua questão, singular, há em todos disposição para a troca.

A prova é esta produção, da qual muito nos orgulhamos. Uma parada fundamental para o trabalho não se perder, como o fim de um ato, um momento de conclusão.

O livro se organiza em três partes. A Parte 1, mais centrada no entrelaçamento da literatura com a clínica, recebe o nome de "Ensaio" e inicia-se com o texto de Juliana Gerken de Carvalho, no texto "Uma personagem, duas narrativas e o manejo da angústia em uma análise", abordará a relação entre um livro de Alice Munro e o filme nele baseado, de Pedro Almodóvar. O diálogo que se escuta entre as duas versões de uma história pode revelar algo sobre as nuances do trabalho em uma análise. Segue-se o texto "Palavras de mãe", de Ana Clélia de Oliveira Rocha, que ressoa as palavras de mães que tocaram e moveram a autora, fonoaudióloga, na prática clínica com crianças com distúrbios de linguagem. O personagem Mwanito, de Mia Couto, comparece no texto para refletirmos sobre a ideia de que a capacidade de estar em silêncio é um legado materno. A primeira parte se encerra com o texto de Maria das Graças Amorim da Hora, "A travessia de G.H.". Afetada pela escrita enigmática de Clarice Lispector em *A paixão segundo G.H.*, a autora faz um paralelo entre a "travessia reveladora" da personagem e o que se espera de uma análise.

À Parte 2 chamamos de "Vacilo", pensando no vacilo, no que claudica, na indeterminação do sujeito, de difícil circunscrição pois há sempre algo que falta, dificultando a sua caminhada linear e incluindo a questão do conflito. Esta parte compreende quatro textos. O primeiro, de Renata de Magalhães Gaspar, é "Laços e desenlaces de filha num devir mãe-mulher: o desamparo materno sob o prisma das problemáticas alimentares", no qual aborda possíveis vicissitudes da trama identificatória entre mãe e filha, com atravessamentos geracionais capazes de complexificar a travessia do vir-a-ser de uma mulher e uma mãe. "Deixando os cabelos crescer...", de Maria Zilda Armond Di Giorgi, mostra o trabalho de construção de Dani na análise, em direção ao tornar-se mulher, que lhe possibilitou se descolar do desejo materno, apropriando-se de um lugar onde pôde se conectar com seu próprio desejo e se assegurar das características femininas que queria para si, sem que isso significasse ser submissa.

Maria da Graça Barreto Baraldi, com o texto "Separação", propõe uma reflexão sobre a problemática relação mãe-filha, detendo-se no papel da identificação e nos seus efeitos mortíferos na constituição do ser mulher. E, fechando a série, o texto de Renata Calife Fortes, "Pequenas considerações sobre o dinheiro e o feminino", aborda o equívoco, suportado por uma economia neoliberal, em considerar a posse do dinheiro como objeto fálico que possibilitaria uma imaginária completude. Enganam-se aquelas mulheres na atribuição desse significante como prerrogativa de gozo.

A Parte 3 leva o título do livro, "Equívoco", justamente por enfatizar a importância de se promover o dúbio, o suspeito, como manejo necessário na direção do tratamento clínico. Adriana Grosman, no texto "Decidiu-se pelo ato – um ato feminino?", fala do sujeito que se toca em análise, se surpreende com um ato que rompe com um circuito emperrado/repetitivo de anos, abrindo espaço para o desejo e o feminino. No ensaio, "Não é não: feminino e final de análise", Malu Pessoa Loeb defende a tese de que não há possibilidade de se chegar a um final de análise sem justamente promover um déficit de uma lógica fálica, isto é, sem produzir quebras e perdas no discurso cheio de sentido, de explicação, do sujeito em análise.

Já Breno Herman Sniker, no texto "Sobre a série de mulheres de uma família", parte de uma pergunta sobre o que mudou na condução das análises de mulheres desde as proposições freudianas sobre "sexualidade feminina" até o feminino tomado no que ele comporta de criação, operada pela função poética da linguagem, por cada mulher e cada homem. Já Daniela Escobari trata dos impasses da mulher diante do desejo no texto que chamou de "Conflito entre mãe e mulher".

Neste caminho encontramos com a ideia de "equívoco", aquilo que pode ter mais de um sentido, mais de uma interpretação; aquilo que é ambíguo e que também é difícil de classificar. Daí o título do livro.

Referências

Badinter, E. (2009). *Um amor conquistado: o mito do amor materno*. 2. ed. Rio de Janeiro: Nova Fronteira.

Quinet, A. (2012). *Os outros em Lacan*. Rio de Janeiro: Zahar.

Parte 1
Ensaio

Uma personagem, duas narrativas e o manejo da angústia em uma análise

Juliana Gerken de Carvalho

> *Foi preciso que tirasse a medida de sua relação com o desejo e percebesse que, por mais complexo que se possa supô-lo – pois ela indica com clareza que também tem seus problemas –, isso nunca é, afinal de contas, senão algo de que ela pode manter distância.*
>
> Lacan, *Seminário 10 – A angústia*

Uma das primeiras pessoas que atendi na clínica apresentava uma neurose de angústia. Chegou dizendo que tinha síndrome do pânico e pedindo: "por favor, quero que isso pare, não sou assim". Tinha medo das crises, não entendia o que estava acontecendo, mas, ao falar de si, dos vários problemas que enfrentara de criança até então, se descrevia como forte e corajosa, sem demonstrar sofrimento. Levei uma questão para a supervisão na época: "Como devo lidar com o acesso dela aos pontos 'de sofrimento', mas que, aparentemente, estão 'desligados', sem que isso aumente sua angústia que se faz sentir no corpo?". Essa paciente estava aguardando um atendimento psiquiátrico gratuito. Logo que conseguiu, após quatro encontros, preferiu contar somente com a medicação e interromper o tratamento. Para mim, ficou a dúvida: teria eu tido dificuldade em lidar com a angústia? Com a angústia da paciente? Com a minha própria?

Quem lê o Seminário 10 de J. Lacan, de nome "A angústia", depara já no início com a seguinte fala dele, dirigida aos participantes do seminário:

> *a angústia não parece ser o que sufoca vocês, como psicanalistas. . . . No entanto, não é demais dizer que deveria fazê-lo. Na verdade, isso está na lógica das coisas, ou seja, da relação que vocês têm com seus pacientes. Sentir o que o sujeito pode suportar de angústia os põe à prova a todo instante. Logo, é preciso supor que, pelo menos para aqueles que são formados na técnica, a coisa acabou passando pela sua regulação, e quase desapercebida, convém dizer. Mas quando o analista inicia sua prática, não é impossível, graças a Deus, que, por mais que apresente uma ótima disposição para ser analista, ele sinta, desde suas primeiras relações com o doente no divã, uma certa angústia. (Lacan, 1962-1963/2005, p. 13)*

Em seguida, ele lança a pergunta para os analistas na plateia: "[na relação com a angústia,] quem é que vocês poupam? O outro sem dúvida, mas também vocês mesmos" (p. 15).

Como lidar com a angústia de lidar com a angústia? É uma questão ampla, e eu poderia seguir neste texto com uma elaboração sobre a produção do operador desejo de analista em sua formação, mas preferi retomar o mesmo seminário.

Nas lições desse seminário de 20 e 27 de março de 1963, Lacan fala da angústia do analista ao comentar descrições de casos feitas por Lucia Tower, em seu texto sobre contratransferência. Em um dos atendimentos descritos, uma neurose de angústia, a analista interpretava a transferência, mas a análise não caminhava. Até que, após sonhar com o paciente, ela passa a interpretar o desejo do paciente por outra perspectiva e tudo muda, a análise fica extremamente difícil de suportar. Ela se sente colocada à prova, e passa a ter a sensação de que o paciente "se desfaria inteiramente em pedaços" (p. 215). Em determinado momento, o paciente tem um surto. Lacan aponta que Lucia Tower havia procurado apontar o desejo do paciente e teria, em troca, encontrado a procura dele (do paciente) pelo "objeto e, no objeto, o pedacinho que falta", na figura dela, a analista. Ele ressalta que Lucia implica seu próprio desejo na transferência e suporta as consequências disso, chega a sofrer *carry-over*, isto é, continuar pensando sobre determinado paciente enquanto atende outro. Então, subitamente, em um período de férias, Lucia percebe que não lhe resta nada sobre isso, essa história não lhe interessa mais, a angústia desaparece. Ainda segundo Lacan, ao consumar essa divisão, esse distanciamento, Lucia Tower recupera "a nudez implacável de seu olhar" (p. 216), e a eficácia na posição de analista, na capacidade de sustentar o encontro do paciente com a falta, a impossibilidade de completude, e o associado trabalho de luto.

Segundo Fingermann e Mendes Dias (2005), "o analista opera em ato (no ato)" e "se mete, intromete a sua presença nas soluções do sujeito em nome daquilo que faz mal quando transborda" (p. 54). Faz intervenções em nome do pior, daquilo que causa. No entanto, eles ressaltam que há determinados momentos durante uma análise, provocados pelo próprio tratamento ou por condições externas, em que o manejo parece entrar em colapso e o analista tem dificuldade em executar sua tarefa, que é manter a própria relação analítica.

Um caso interrompido, do passado, me trouxe a questão da dificuldade em lidar com a angústia na clínica. Recordo-me de algo que sentia durante os atendimentos: via a situação daquela paciente como "sem saída", sem solução. O que seria, talvez, o mesmo que dizer que eu buscava ver uma saída, uma solução... em vez de sustentar as condições de encontro com a falta?

Retomo a descrição que Lacan faz do relato de Lucia Tower quanto ao instante em que, nas palavras dela, "tudo isso desapareceu da maneira mais divertida, *amusingly*, e súbita" (Lacan, 1962-1963/2005, p. 216). Nesse desaparecimento, na capacidade de distanciamento, há algo dela.

Buscando gerar um desses momentos instantâneos de apreensão quanto à capacidade de sustentação desta posição incômoda de analista, recontarei partes do filme *Julieta*, de Pedro Almodóvar (2016), e dos três contos de Alice Munro, "Acaso" (2015a), "Logo" (2015b) e "Silêncio" (2015c), nos quais o roteiro do filme é baseado.

Os três contos – "Acaso", "Logo" e "Silêncio"

Heliodoro, em seu livro *História etíope* (citado por Munro, 2015c), conta que a rainha da Etiópia deu à luz um bebê branco. Temendo ser acusada de adultério, decide entregar sua filha, ainda bebê, a ermitões e místicos, os "filósofos nus". A rainha da Etiópia nunca deixou de ter saudades da filha, e contratou alguém para procurá-la. A menina é resgatada no momento em que seria sacrificada pelo próprio pai.

Em "Silêncio", o terceiro dos contos de Alice Munro, a personagem Juliet, uma estudiosa de línguas clássicas, sonha usar essa história na montagem de uma peça teatral, mas tem um desejo secreto de alterar o final: a menina ficaria perdida no meio de impostores, sem perceber que o que buscava era a reconciliação com sua mãe, a rainha da Etiópia, arrependida e grandiosa.

É assim que Juliet parece lidar com a espera pelo retorno de Penelope, sua própria filha, e, de alguma forma, explicar para si mesma um drama entre mãe e filha. Aos 21 anos, Penelope fora para um retiro espiritual e não retornara. Por algum tempo, enviara para a mãe cartões na data de seu próprio aniversário, depois disso não dera mais notícias. Sonhar com o final em que a filha deseja reencontrar a mãe parece manter Juliet ligada à sua filha Penelope, e também à sua própria mãe. Pois para Sara, mãe de Juliet, fé significava expectativa e certeza de (re)ver a filha.

"Logo vou ver Juliet", é a fala de Sara no final do segundo conto. Nele, Juliet visita seus pais e leva consigo sua filha Penelope, na época com pouco mais de 1 ano. Durante essa visita, ela demonstra não mais se sentir "estranha, inadequada", como no passado, e sim uma mãe orgulhosa com seu bebê. Leva como presente para seus pais um quadro representando sua visão de casa, o local em que vivera com eles. Porém, seu pai está mais preocupado com o fato de ela não ser casada com Eric, o pai de Penelope. E Sara, sua mãe, debilitada por uma doença e demandando serviços de uma cuidadora, parece estranhamente alheia ao interesse que o marido dedica a essa outra mulher, mais jovem. É para Juliet que Sara se volta. Ao descrever sua visão do que é fé, Sara confessa à filha:

> *Minha fé não é simples assim... Não sei descrever. Mas é... é só o que eu sei... é alguma coisa. É alguma coisa... maravilhosa. Quando eu fico realmente mal... quando eu fico tão mal que... sabe o que eu penso? Eu penso, está*

> *certo. Eu penso... [Logo.*[6] *Logo] vou ver Juliet (Munro, 2015b).*

Isso soa patético para Juliet, que se cala, em vez de simplesmente dizer o "sim" que significaria tão pouco para ela e tanto para sua mãe. Logo depois, ela retorna para casa. Juliet se pergunta em um momento: o que é casa? Seria aquela imagem no quadro, simbolizando a casa de seus pais, ou onde mora com Eric, seu companheiro, a quem conhecera por acaso? Eric tivera outras mulheres, e algumas ainda estavam por perto. Juliet as observava, tinha ciúmes. Quando Eric morre em um acidente de barco, é realizada uma cerimônia de cremação ao ar livre, decidida por vizinhos segundo tradições locais, e "uma de suas mulheres" assume o papel que seria da viúva. Com o apoio de outra "mulher de Eric", Juliet adia o momento de contar sobre o acidente fatal para sua filha, na época com 13 anos, em viagem de férias. Alguns meses depois, após reorganizar a vida e mudar com Penelope para outra cidade, Juliet sofre uma crise ao topar de fato com a dor da perda de seu companheiro. É acolhida em seu sofrimento pela filha, e só então conta a ela os detalhes sobre a morte de pai. Anos depois, Penelope vai para o retiro espiritual, e depois desaparece. E no silêncio da espera, Juliet sonha com o final diferente para a *História etíope*.

---

6 Na edição em português temos: "Daqui a pouco. Daqui a pouco vou ver Juliet", o que é uma tradução literal, e no original em inglês está *soon* (logo), por isso preferi incluir a palavra "logo", pois, além de ser mais fiel ao inglês (Munro, 2007), também é o título do segundo conto: "Logo", na edição brasileira.

O filme

Não se trata, neste texto, de tentar comparar duas obras de natureza tão diferente quanto um filme e um livro, neste caso, de contos. Fazer um filme é diferente de escrever um conto, recorrendo a palavras. Tarkovski (1998) descreve a arte de fazer cinema como "esculpir o tempo", criar uma impressão do tempo que pode ser reproduzida. Um filme, por usar recursos audiovisuais, já entrega ao espectador uma parte considerável daquilo que o leitor constrói por conta própria ao ler uma obra literária. Portanto, é de se esperar que a construção, ou memória, que fica como resultado da leitura de uma obra por determinado leitor, seja diferente da percepção da "escultura de tempo" que um cineasta consegue fazer ao filmar um roteiro adaptado desse mesmo livro e, em um segundo nível, do que esse mesmo leitor apreende ao assistir ao filme. A própria transformação da obra literária em roteiro já pressupõe mudanças. Há limitações quanto ao que pode ser filmado, comparando-se com o que pode ser escrito, e o roteirista e/ou diretor faz escolhas quanto a alterar, acrescentar ou eliminar passagens. Almodóvar usou dessa liberdade, incluindo a alteração de vários nomes. Juliet é Julieta, Penelope passa a ser Anthia.[7]

No filme são mostrados dois encontros de Julieta com uma amiga de sua filha. No primeiro deles, Julieta ouve que sua filha e a amiga haviam se encontrado. Anthia se casara, tivera filhos, morava não tão longe, e o mais estranho: sabia onde a mãe estava, poderia ter buscado um encontro. Mas não fizera isso, como não comentara com a amiga o fato de que estava afastada da mãe. Mantinha-se distante por opção, portanto? Esse encontro está em

7 A partir deste ponto no texto, os nomes Juliet/Julieta e Penelope/Anthia serão usados para indicar se trata-se da narrativa nos três contos de Munro ou do filme de Almodóvar, respectivamente.

um dos contos. Porém, no segundo encontro, que só acontece no filme, a amiga revela a Julieta algumas razões para o afastamento de Anthia. Outro fato que só ocorre no filme é o envio por Anthia de uma carta para Julieta. Após a morte de um de seus filhos, a quem dera o nome de seu próprio pai, ela faz contato com a mãe e coloca no envelope o endereço para retorno, podendo, a partir de então, ser encontrada.

Ao incluir esses elementos, Almodóvar "conta" para sua personagem Julieta os motivos do afastamento de sua filha. Mostra um sentido, explica a causa. Além disso, de certa forma usa o desejo da Juliet de Munro, isto é, o final diferente que ela inventa para a *História etíope*, e introduz a possibilidade de sua Julieta viver esse sonho, esse desfecho, na realidade. Julieta teria então a chance de ver a filha. A espera de Julieta, no final do filme, está prestes a terminar. O silêncio se rompeu, e logo mãe e filha se encontrarão. A última cena do filme, também ausente nos contos, mostra Julieta em uma estrada, com seu companheiro, ao encontro de Anthia.

A angústia

Alice Munro descreve somente o primeiro dos encontros. Portanto, os motivos do afastamento, que só poderiam ser relatados por Penelope, não são revelados, pois sua voz não aparece no conto "Silêncio". Nada mais se sabe dela. Juliet se pergunta: *como ela teria se referido a mim? Minha mãe? Mamãe?* Parece dizer: *o que eu sou para ela?* Logo depois desse encontro, Juliet deixa de lado o sonho de montar a peça com o final de reencontro entre mãe e filha, e reflete:

> *Minha filha foi embora sem dizer adeus e na verdade ela nem devia saber que estava indo embora. Não*

sabia que era para sempre. Então aos poucos, acho eu, foi ocorrendo a ela o quanto ela queria ficar longe de mim. Foi só um modo que ela encontrou de assumir o controle da própria vida.

Talvez o que ela não consiga enfrentar seja me dar as devidas explicações. Ou talvez seja para isso que na verdade não tem tempo. Sabe, temos a ideia de que para tudo existe esta ou aquela razão, e ficamos tentando encontrar razões e motivos. E eu poderia lhe falar muito sobre as coisas que fiz de errado. Mas acho que o motivo pode ser alguma coisa difícil de desencavar. Alguma coisa como o quanto é pura a natureza dela. Isso. Uma sutileza, uma rigidez e uma pureza, uma honestidade pétrea que existe nela. Meu pai sempre dizia, das pessoas que desgostava, que não tinha uso para aquela pessoa. Será que estas palavras não poderiam simplesmente significar exatamente o que dizem? Penelope não tem uso para mim. Talvez ela não me tolere. É possível. (Munro, 2015c, p. 182)

Diálogo

Estabeleço este diálogo como alguém que leu os contos e viu o filme, por coincidência, enquanto estudava o Seminário 10. Como autora deste ensaio, escolhi somente alguns pontos a destacar, criando narrativas parciais visando comparar as duas obras quanto a um determinado aspecto, simplesmente para relançar a pergunta: a quem se poupa evitando a angústia? A quem Almodóvar parece poupar ao mostrar a angústia da personagem Julieta, e de alguma forma aplacá-la mostrando a iminência do encontro dela com sua filha? Talvez a seu público, que lamentaria, dizendo: "ah...

mas elas não se encontram"? Ou a si mesmo? E, de fato, psicanalisar os dois autores não é a questão, nem é possível; o entrelaçamento e a comparação das duas narrativas é só um artifício que decidi usar. Este fazer diferente por parte de Almodóvar revelou, explicitou a escolha e a delicadeza da "psicanalista" Munro em sustentar a angústia de sua personagem Juliet. O filme, neste aspecto, é o avesso dos contos. Julieta esperava ser, e é, procurada por sua filha, logo vai vê-la. Queria saber o motivo do afastamento, e descobre. Demandas da personagem são atendidas e, desse modo, um ato é evitado. Qual é esse ato que Almodóvar evita? O ato da "analista" Munro, que se refere a Penelope, mas silencia sobre sua voz. O ato de "manter silêncio" perante a angústia que surge da descoberta de que Penelope sabe de Juliet, está nas proximidades, e mesmo assim se mantém afastada, sem explicação. Não quer se encontrar com a mãe, não quer ser vista.

Almodóvar, um "analista angustiado", pega carona na fantasia de Julieta, atende a sua demanda... na tentativa de obturar o local da falta.

Talvez, para ele, se faça ouvir, como um eco da voz de Sara: "logo vou ver minha filha".

Juliet(a)

Na história de Munro, Juliet abandona o desejo de dar um novo final à história de Heliodoro e, segundo as últimas palavras da autora: "continua esperando alguma palavra de Penelope, mas não de maneira tensa. Espera como as pessoas que sabem não ter esperança, ainda assim esperam bênçãos imerecidas, remissões espontâneas, coisas desse tipo" (Munro, 2015c, p. 183).

Tem amigos e segue vivendo, em meio a seus estudos sobre os gregos.

Referências

Almodóvar, P., Almodóvar, A., Garcia, E. (Produtores), & Almodóvar, P. (Diretor). (2016). *Julieta* [filme]. Estados Unidos: Universal Pictures.

Fingermann, D., & Mendes Dias, M. (2005). *Por causa do pior.* São Paulo: Iluminuras.

Lacan, J. (2005). *O Seminário: livro 10, A angústia*. Rio de Janeiro: Zahar. (Trabalho originalmente publicado em 1962-1963)

Munro, A. (2007). *Runaway*. New York: Random House.

Munro, A. (2015a). Acaso. In A. Munro, *A fugitiva* (pp. 59-102). São Paulo: Companhia das Letras.

Munro, A. (2015b). Logo. In A. Munro, *A fugitiva* (pp. 103-146). São Paulo: Companhia das Letras.

Munro, A. (2015c). Silêncio. In A. Munro, *A fugitiva* (pp. 147-183). São Paulo: Companhia das Letras.

Tarkovski, A. A. (1998). *Esculpir o tempo*. São Paulo: Martins Fontes.

Palavras de mãe

Ana Clélia de Oliveira Rocha

> *O silêncio é uma travessia. Há que se ter bagagem para ousar essa viagem.*
>
> Mia Couto, *Antes de nascer o mundo*

"Quem é essa mulher que canta sempre esse lamento?" (Buarque, 1981). A música de Chico ressoa na minha cabeça quando começo a tentar escrever este texto, que pretende escutar e refletir sobre as palavras de mães que me tocaram e me moveram (presente ou passado?) na prática clínica de crianças com distúrbios de linguagem nesses quase trinta anos de trabalho na clínica fonoaudiológica.

A primeira vem da minha avó – uma senhora que cuidava de todos os netos, primos da minha geração. Quando lhe contei no que trabalharia – como fonoaudióloga, atendendo a crianças que não falavam –, ela me ensinou: "para fazer uma criança falar, vou lhe contar um segredo: é só colocar um peixe vivo na sua língua... mas só dá certo se for outra pessoa que não a mãe da criança". Lembro-me da felicidade com a qual ela me confidenciou sua simpatia e a revelação de que havia feito aquilo com meu irmão mais novo, que teve um atraso de fala que trazia muitas preocupações a meus pais... Minha mãe soube disso apenas muitos anos depois, quando eu trouxe esse ensinamento para a minha tese de doutorado. Por muito tempo tentei compreender o sentido que essa sabedoria popular trazia e os efeitos que ela produziu, já que, pelo menos na minha família, tínhamos um caso concreto do seu sucesso.

É óbvio que, por questões que "Freud explica", sempre atendi a crianças que silenciavam. Por que em silêncio? Porque a palavra sempre existe... A língua está ali – imóvel – para que um outro, que não seja a mãe, consiga produzir um movimento e essa criança fale... A saída do silêncio, para muitas crianças que conhecemos em nossos consultórios, prescinde da ação do outro.

Vinhetas clínicas

Um dos meus primeiros casos foi um menino de 3 anos, filho único de um casal jovem. Estamos na década de 1980, e as mulheres dessa geração, como eu, começam a se aventurar na carreira profissional de uma maneira intensa: estudam, fazem pós-graduação, trabalham em jornada integral – "um homem de saia", era o que ouvíamos quando uma pessoa queria referir-se a uma mulher que trabalhava muito e era bem-sucedida. Rute, a mãe desse pequeno, era uma dessas mulheres. Uma mãe dedicada, um pai que nunca compareceu ao consultório, outro clássico daqueles tempos: saúde e educação eram responsabilidade da mãe. Por dois anos ela trouxe o filho duas vezes por semana às terapias fonoaudiológicas, não faltava. Sem internet, sem WhatsApp, ficava angustiada pensando o que estaria acontecendo no trabalho na ausência dela, culpada pelo filho que não falava e pelo tempo que essa questão exigia dela. O trabalho caminhou muito bem – consegui colocar o peixe na língua de Renan –, e, na nossa entrevista de encerramento, ela me faz uma pergunta: "Ana, o que faço com ele falando?".

Pergunta que, passados 25 anos, ainda está comigo. Quem me conhece certamente já me ouviu contar o quanto ela me moveu e o quanto, a partir dessa indagação, minha prática encheu-se de interrogações. A essa pergunta devo a continuidade na formação teórica, e mais, a virada que minha prática teve. Tornou-se impossível, a partir dela, deixar de considerar, de interrogar-me, de escutar o que cada criança trazia de singular, quem era sua mãe, quem era seu pai, como a linguagem e os silêncios circulavam e seus sentidos caso a caso.

Outra cena que me interroga também teve como protagonista uma mãe. Joana converteu-se ao judaísmo para se casar com Paulo; eram pais de Hélio. Esse garoto chega para mim com aproximadamente 4 anos e tem uma fala, segundo os pais, "estranha". "Repete muito o que gosta de ouvir, é seletivo para comer e é muito tímido para fazer amigos. A escola está preocupada e me indicaram você", diz a mãe na primeira entrevista. Fala muito, e o pai fica em silêncio. Começo a atender ao pequeno Hélio e, em tempos em que não se diagnosticava transtorno do espectro autista (TEA) para qualquer criança, tempos em que convivíamos com os estranhamentos que um paciente apresentava sem enquadramentos, apenas como atrasos de linguagem, fala tardia... esse menino me preocupava. Seu silêncio era quebrado apenas por falas repetitivas, seu olhar não cruzava o outro, sua brincadeira era apenas piões e carrinhos, siderado nos movimentos que estes realizavam. Questão delicada, e, quando começo a falar sobre o que vi nas primeiras consultas, o pai conta sobre o isolamento que os três sofrem na sua família de origem, pois não aceitam sua mulher: apesar da conversão, ela ainda é uma não judia. Ao me escutar falando do isolamento e do silêncio do garoto, o pai fala... Nessa sequência, ele continua contando da falta de apetite do filho, de como a mulher não tempera a comida e, dirigindo-se a mim, pergunta: "você não acha que se o Hélio experimentasse um feijão com mais sabor ele iria gostar?". Eu, engasgada e numa armadilha diante daquele casal, aflita, tiro meu anel do dedo e o coloco na mesa; a mãe imediatamente me diz, raivosa, que nunca ninguém tinha tirado o anel para ela... Que efeitos meu gesto trouxe para essa mulher?

Essa pergunta também me trouxe algo que, a partir dela, foi impossível ignorar: as mães são mulheres. A armadilha a que me referi representava o tempero que ela não poderia fazer, pois desconhecia esse gosto da comida paterna... Se eu reconhecesse o quanto ele contribuiria à comida, estaria do lado do pai... Era uma briga feminina, e daí tirar o anel era a demonstração de força? Como um pequeno gesto pode representar tanto na cena clínica? Como essa mulher poderia temperar essa comida e também sentir o gosto interditado a ela e ao filho? Ao registrar tal cena nas minhas anotações de trabalho, aparece a palavra mulher em vez de mãe... Questão que permeia este caso: o pai escolhe uma mulher para casar que se converte para ser mãe, perdendo as duas identidades?

Felipe é um menino extremamente calado. Também tem 4 anos quando o conheço e a seus pais, casados naquele momento. Ele não falava nada, cheirava tudo e todos, só andava num lado da rua quando passeavam no quarteirão, só comia determinados alimentos e só aceitava ir a um único restaurante. Não podiam fazer qualquer mudança em sua rotina. O pai está aflito com a questão da fala, pois "não entende por que ele não emite palavras se é tão comunicativo...". A mãe está incomodadíssima (muito brava) com o comportamento do filho e diz: "a fala virá. Ele é obcecado como o pai...".

Neste caso, o pai é responsável tanto por trazê-lo para as terapias quanto pelo dia a dia do filho (dá banho, faz a lancheira, trocava fralda quando ele era pequeno) e também pela angústia que o silêncio do menino provoca. A mãe, numa posição inexistente até então no meu imaginário, estava mais preocupada com suas limitações ("como eu posso ir a lugares diferentes, viajar?") e reconhecia o quanto pai e filho eram iguais e se completavam, deixando-a de fora dessa relação. Ela não se preocupava com o silêncio do filho, pois o que via era uma comunicação intensa entre o pequeno e o pai. Esse casal se separa, e a mãe busca freneticamente um laudo para o menino que diagnostique alguma doença que assegure a ela uma boa pensão para não trabalhar mais, ficar com a casa da família e poder estar no comando, já que o pai, alucinado em querer ter o filho por perto, vai concordando com todas as imposições e as condições da mãe. Esse menino reage a essa situação falando: numa sessão, depois de quase destruir minha sala, me puxa pela mão e me leva até o banheiro, onde começa a sussurrar, sussurro que até hoje escuto e me emociona.

Com essa mãe, aprendo que a maternidade não é um dom e que mães são mulheres, que o querer de uma mulher prevalece à relação com seu filho... Ou será o inverso: que o único caminho que essa mulher tinha para assumir seu papel de mãe era qualificando como "doentia" a comunicação do filho, pois ela estava à margem deste processo? Ou, ainda, será que um laudo lhe permitiria afastar a culpa e cuidar mais amorosamente dele?

Vinheta literária

Mia Couto (2016), no livro *Antes de nascer o mundo*, nos conta a história de Mwanito e sua família. Trago alguns pontos dessa narrativa, que ressoa na questão que apresento neste trabalho.

O personagem, filho mais novo de um pai de nome Silvestre, vivia com ele, seu irmão Ntunzi, um empregado chamado Zacaria, o tio Aproximado e a jumenta Jesibelda num lugar denominado pelo pai como Jerusalém, nas savanas, longe de tudo e de todos.

"Eu nasci para ser calado. Minha vocação é o silêncio. Foi meu pai que me explicou: tenho inclinação para não falar, um talento para apurar silêncios. Escrevo bem, silêncios, no plural. Sim, porque não há um único silêncio. E todo o silêncio é música em estado de gravidez" (p. 13), conta o personagem sobre si mesmo. O menino nunca conheceu sua mãe, não lembrava de seu rosto, tampouco de sua voz, e o pai os recolheu neste lugar pois "em Jerusalém não havia senão vivos. Desconhecedores do que fosse saudade ou esperança" (p. 11). O pai o chamava à noite para lhe fazer companhia: "venha cá meu filho, venha ajudar-me a ficar calado" (p. 14), tarefa que o pequeno podia realizar, pois "em mim, era um dom natural, herança de algum antepassado, requer anos de prática. Talvez fosse legado de minha mãe, Dona Dordalma, quem podia ter certeza? De tão calada ela deixara de existir" (p. 14). O irmão o questiona: por que nunca é chamado pelo pai? "Ele diz que sou um afinador de silêncios. . . . Não sei, mano, que hei-de fazer se ele gosta que eu fique ali, todo caladito?" (p. 15), responde o pequeno.

Quando o pai chegou àquela terra, fez uma cerimônia e deu novos nomes a todos. O seu passara a ser Mwanito, que em chissena, língua do centro de Moçambique, quer dizer rapaz, menino, filho. "Era um mundo sem sementes porque não havia mulheres" (p. 33).

Não conhecer a mãe o impedia de sonhar e lembrar... O irmão sofria porque se lembrava da mãe, pois "tinha termos de comparação" (p. 54), ele não... "E as outras, mano? Como são as outras mulheres?" (p. 55). "Mulheres são como as ilhas: sempre longe, mas ofuscando todo o mar em redor" (p. 56), lhe dizia o irmão.

Um dia o irmão lhe conta que as mulheres sangram... Ele estanha, porque todos sangram, mas por que será que o irmão dava aquele atributo às mulheres? "A mulher não precisa de ferida, ela nasceu com um rasgão dentro" (p. 56). O pai fala que "a mulher foi ferida por Deus. . . , foi golpeada quando Deus escolheu ser homem" (p. 56). O menino pergunta ao pai: "A mãe também sangrava?" "Não, a mãe não." "Nem quando morreu?" "Nem" (p. 56).

Aprende a ler, por meio dos rótulos das caixas, um pouco sozinho e um pouco com a ajuda do irmão, escondidos do pai. Para Mwanito,

> *A escrita era uma ponte entre tempos passados e futuros, tempos que em mim nunca chegaram a existir. . . . A minha verdadeira professora era Dordalma. Quanto mais decifrava as palavras, minha mãe, nos sonhos, ganhava voz e corpo. O rio me fazia ver o outro lado do mundo. A escrita me devolvia o rosto perdido de minha mãe. (p. 42)*

A história continua e, em determinado momento, uma mulher, Marta, chega a Jerusalém à procura do marido desaparecido... O menino, atônito, pergunta: "a senhora é mesmo uma mulher?" "Porquê? Não pareço mulher?" "Não sei. Nunca vi nenhuma antes" (p. 125).

Mwanito continua: "Aquela era a primeira mulher e ela fazia o chão evaporar-se. . . . Aquele primeiro encontro marcou em mim, fundo, o misterioso poder das mulheres. . . . Nessa mesma noite fui visitado por minha mãe. No sonho, ela me surgiu ainda sem rosto, mas já com voz" (p. 125).

A partir desse acontecimento, o tempo de Jerusalém vai se esgotando, e o menino nega o pedido do pai para ficar quieto e calado... “Parecia que o velho ia desaguar num pranto. De súbito, o sucedido se deflagrou em espanto: meu pai trauteava uma melodia!” (p. 159).

O pai vai enlouquecendo, todos deixam Jerusalém e retornam à cidade. Marta (a primeira mulher que ele viu de verdade) vai para Portugal e de lá lhe envia uma carta revelando a história de Dordalma e a dele, consequentemente: “é meu dever devolver-te esse passado que te foi roubado. Dizem que a história de uma vida se esgota no relato da sua morte. Esta é a história dos dias finais de Dordalma. De como ela perdeu a vida, depois de se ter perdido da vida” (p. 242). E conta que Dordalma saiu de casa “para ser olhada e invejada . . . vestida para semear devaneios” (p. 242), levando uma mala. “Em casa, Dordalma nunca era mais do que cinza, apagada e fria. Os anos de solidão e descrença a habilitaram a ser ninguém, simples indígena do silêncio” (p. 242). Então “espremeu-se entre os homens” e entrou num ônibus, que parou num escuro baldio; ela foi arremessada no solo “entre babas e grunhidos, apetites de feras e raivas de bicho. . . . Um por um, os homens serviram-se dela” (p. 243). O pai do menino a encontra e a leva para casa. “Pois escute bem o que lhe vou dizer: nunca mais me envergonhe desta maneira” (p. 245); deixa-a sozinha na cozinha com uma advertência de só poder ir ao quarto à noite “quieta e muda” (p. 245). Ele a encontra morta, pendurada numa árvore: “cortou a corda para escutar o baque surdo do corpo . . . Aquele som . . . era o barulho da terra tombando sobre a tampa do caixão. . . . Mais tarde, o teu silêncio, Mwanito, foi a sua defesa contra esse eco recriminador” (p. 246).

Marta indaga se o pai era o legítimo proprietário da vida dela... “Então, como admitir aquela humilhante desobediência? Dordalma não abdicara de viver: perdida a posse da sua própria vida, ela atirara na cara do teu pai o espetáculo da sua própria morte” (p. 246).

Terminamos esta vinheta com o primeiro encontro amoroso de Mwanito com uma mulher, Noci, companheira do tio Aproximado, que lhe pergunta quem o ensinou a amar as mulheres. Ele pensa, em silêncio, que "foi a falta de amor" (p. 261). Ela lhe conta que a mãe havia deixado uma caixa de dinheiro, com o qual seu pai havia pagado as dívidas feitas para que a família sobrevivesse em Jerusalém: "Meu pai nunca percebera mas a falecida esposa deixara um bilhete explicando a origem e o propósito daquele dinheiro. Eram poupanças de Dordalma e ela legava essa herança para que nada faltasse aos seus filhos" (p. 261). E Noci declara: "Foi a tua mãe. Foi ela quem te ensinou a amar. Dordalma esteve sempre aqui" (p. 261).

"A ternura daquela mulher me confirmava que meu pai estava errado: o mundo não morreu. Afinal, o mundo nunca chegou a nascer. Quem sabe eu aprenda, no afinado silêncio dos braços de Noci, a encontrar minha mãe caminhando por um infinito descampado antes de chegar à última árvore" (p. 277).

Palavras de mulher

Vou voltar
Haja o que houver, eu vou voltar
Já te deixei jurando nunca mais olhar pra trás
Palavra de mulher, eu vou voltar...

Chico Buarque (1985)

Mwanito nos ensina que viver sem uma mulher é estar num mundo onde se desconhece saudade ou esperança, futuro ou passado. Que o silêncio, ou melhor, que a capacidade de estar em silêncio é um legado materno. Que a ternura é também um legado da mulher.

Que sem mulheres não há sementes. Que sonhar e lembrar só é possível a partir desse primeiro encontro com Dordalma...

Rute me pergunta o que faz com um filho falando... O que na voz do pequeno angustia essa mãe? Tão inteira no seu papel de mulher, se vê cindida no papel de mãe... Joana, mulher corajosa que renuncia a sua história e assume, em um ato de conversão, uma verdade que não é a sua e na qual tampouco é reconhecida; uma verdade que persiste ao inverso, denunciada pelo silêncio do filho que a angustia e que os isola, a ela e ao pequeno... A ausência de tempero denuncia o que é uma tarefa impossível, algo que a conversão não ensina: Joana é incapaz de temperar como uma mãe judia. O anel é justamente o símbolo de uma união, e tirá-lo talvez seja a representação do horror ao seu presente... A mãe de Felipe precisa desvestir-se de nome na minha escrita; apenas quando a nomeio como *mãe de Felipe* é que, ao mesmo tempo que é subtraída da comunicação familiar, ela tem um lugar, uma casa, uma identidade, e é como mãe de Felipe que ela maneja cuidadosamente sua saída do silêncio na relação com o filho. Trabalho árduo, orquestrado, refinado.

Ser mulher é um fato, ser mãe é uma conquista, uma construção, uma inscrição que marca e da qual não há como escapar, tatuagem invisível aos olhos do outro.

Mia Couto nos brinda com Dordalma, personagem feminina que escancara cada dor, cada dilema, cada angústia do que é ser mulher e do que é ser *mãemulher*. Com dois filhos, ela ousa renunciar a sua condição de mãe, e o que encontra é sua própria morte também como um ato, suicida-se: "a mulher não transporta água, ela traz os rios todos dentro." Banca sua ausência ao deixar o dinheiro para que a família se sustente, e é outra mulher que se encarrega de fazer um movimento neste isolamento. Marta interrompe essa ausência física e silenciosa e, depois de seu aparecimento, há um retorno ao lugar de cada um, o pai canta e enlouquece ("E a loucura nem sempre é uma doença. Por vezes, é um acto de coragem. . . . Para o louco, falar é sempre pouco" – p. 241). Noci se encarrega do retorno da mãe ao revelar que, mesmo ao renunciar à vida, Dordalma deixa algo para os filhos: a ternura.

Palavras de mulheres nos ensinam que há de se ter um movimento sempre. Marta, Noci, o anel, a saída do silêncio de Renan, os descaminhos da mãe de Felipe, a escrita para Mwanito... São os peixes da simpatia da minha avó... "As mulheres são como as guerras: fazem os homens ficarem animais" (p. 151)

Referências

Buarque, C. (1981). Angélica. In *Almanaque*. Ariola.

Buarque, C. (1985). Palavra de Mulher. In *Malandro*. Rio de Janeiro: Polygram.

Couto, M. (2016). *Antes de nascer o mundo*. São Paulo: Companhia das Letras.

A travessia de G.H.

Maria das Graças Amorim da Hora

> *Dá-me a tua mão desconhecida que a vida está me doendo e não sei como falar.*
>
> Clarice Lispector, *A paixão segundo G.H.*

Durante meu estudo sobre o tema do conflito entre mãe e mulher, me veio à lembrança a escrita de Clarice Lispector, por vezes tão estranha, instigante e perturbadora. Sua escrita nos toca e inquieta profundamente. Pode-se dizer que ela escreve com seu inconsciente a céu aberto: "minha inspiração não vem do sobrenatural, mas da elaboração inconsciente, que aflora à superfície como uma espécie de revelação" (Lispector citada por Moser, 2017, p. 599).

Visitando sua biografia, fica evidente que, por meio de sua escrita, se revelam os conflitos de Clarice na ordem do ser. Ser judia, crente em Deus ou ateia? Ser brasileira ou sem nacionalidade? Ser esposa, mãe dedicada e salvadora, ou nada? "Como é que se explica que o meu maior medo seja exatamente em relação a: ser?" (Lispector, 1964, p. 6).

As questões da mulher, da maternidade, do feminino estão presentes em Clarice Lispector. Sua obra nasce de encontros triviais da vida doméstica e cotidiana e ganha uma profundidade assustadora. É surpreendente o episódio narrado em *A paixão segundo G.H.*, no qual a personagem, após esmagar uma barata e degustar seu interior, se vê diante de uma "revelação" que a faz percorrer um caminho infernal na sua longa busca pelo ser.

"Os dois olhos eram vivos como dois ovários. Ela me olhava com a fertilidade cega de seu olhar. Ela fertilizava minha fertilidade morta" (Lispector, 1964, p. 52). Nesta narrativa, a personagem G.H. aborta e tem os ovários vazios, enquanto a barata é fértil, mãe de muitos filhos. Esse encontro é avassalador, pois a barata é colocada no lugar da mãe mítica. Ao fixar seu olhar no olhar da barata, o susto, o estranho, o enigmático se faz presente, revelando toda a ambivalência desse amor e ódio no nível visceral do ser. Deste impasse entre morte-vida, a dor da separação do significante, mãe mítica, ressurge no real indizível.

Nas teias dessa escrita, encontramos fios condutores que nos levam ao pensamento psicanalítico que diz respeito à constituição do eu e ao atravessamento necessário para se tornar sujeito. Lacan nos fala da "virada", isto é, "a renúncia à nostalgia da mãe", necessária para "tornar-se sujeito" (Lacan citado por Izcovich, 2016, p. 27).

Do susto a uma paixão!

Ao entrar em contato com esta escrita, *A paixão segundo G.H.* (Lispector, 1964), fui atravessada por sentimentos de repúdio e encantamento. Fiz uma primeira leitura que me foi quase insuportável, fiquei aprisionada na narrativa da degustação da barata, que me provocou uma resistência em continuar. Senti-me incomodada com a identificação mãe-barata. Em seguida, pensei no meu incômodo como relevante e decidi reler o romance com um novo olhar.

Passado o primeiro susto, pude perceber tratar-se de uma obra cheia de significados que se prestam à confirmação de muitos dos temas desenvolvidos pela psicanálise contidos nos escritos de Lacan, que me interessam. Percebi, então, que a "mulher-mãe-barata" estava em busca de seu "verdadeiro eu", aprisionada na paixão narcísica: "uma vida inexistente me possuía toda e me ocupava como uma invenção. . . . Eu era a imagem do que eu não era, e essa imagem do não-ser me cumulava toda" (p. 20).

O que existe de mim em mim? G.H. está questionando a sua própria imagem atrelada a uma outra com quem se identificou e acreditou ser o que não era. Isso acontece porque existe uma discordância primordial entre o eu essencialmente alienado e o ser que ele representa, dinâmica própria do estádio do espelho desenvolvido por Lacan. Penso que a personagem vai operando uma travessia na busca de ultrapassar esse momento narcísico do sujeito em direção a uma transcendência de si mesmo.

A paixão segundo G.H. nos leva a uma viagem perturbadora aos labirintos psíquicos de sua personagem. A escrita em primeira pessoa desvela, por meio de metáforas, a travessia de um feminino em construção – como num processo analítico que convoca o sujeito a construir sua fantasia fundamental para se livrar dela, o quanto for possível, na busca de se saber sendo.

É interessante ressaltar que, antes mesmo de a autora começar o conto, ela faz uma ressalva aos seus "possíveis leitores", dizendo que aquele livro é "como um livro qualquer", mas que ficaria satisfeita se fosse lido apenas por "pessoas de alma formada. Aquelas que sabem que a aproximação, do que quer que seja, se faz gradualmente e penosamente – atravessando inclusive o oposto daquilo que se vai aproximar. A mim por exemplo, o personagem G.H. foi dando pouco a pouco uma alegria difícil; mas chama-se alegria" (p. 2).

Essa sensação é muito próxima daquilo que se espera de um processo analítico: necessita de tempo e aproximação lenta para se chegar àquilo que se revela.

De fato, se formos atrás do enredo, quase inexistente, poderíamos considerá-lo um livro qualquer. G.H., personagem principal e única, só se faz saber muitas páginas à frente, reduzida a duas letras iniciais de um nome próprio esculpidas em malas de viagem. O que sabemos sobre a personagem é que se trata de uma mulher de classe média alta, escultora, que parece ter uma vida tranquila, estável e organizada e que foi abandonada recentemente pelo amante. G.H. parte da rotina da mulher doméstica, que, após demitir a empregada, resolve entrar no quarto desta na intenção de fazer uma faxina.

Antes de entrar no quarto, inicia sua narrativa enfatizando uma busca em estado de "desorganização".

> *Estou procurando, estou procurando. Estou tentando entender. Tentando dar a alguém o que vivi e não sei a quem, mas não quero ficar com o que vivi. Não sei o que fazer do que vivi, tenho medo dessa desorganização profunda. Não confio no que me aconteceu. Aconteceu-me alguma coisa que eu, pelo fato de não a saber como viver, vivi uma outra? (p. 4)*

Percebo nessa procura a presença da angústia, que toma conta da personagem e arrebata o leitor. Segundo Lacan, o afloramento da angústia é um sinal de que o sujeito assumiu uma asserção sobre si mesmo, atingindo uma verdade inconsciente que ancora seu ser.

O encontro revelador: travessia de G.H.

Após demitir a empregada e adentrar no quarto de serviço na intenção de fazer uma faxina, se surpreende ao encontrá-lo organizado. Depara com rabiscos de carvão feitos na parede, contornos de corpos nus de uma mulher, de um homem e de um cachorro – "a nudez vinha apenas da ausência de tudo o que cobre: eram os contornos de uma nudez vazia" (p. 25). Ela pensa na empregada Janair, no tempo em que ocuparam o mesmo espaço e de como ela mal recordava suas feições, indiferente àquela criatura muda. Sente-se mal ao perceber que pode ter havido uma censura à sua vida. "Como me julgara ela?" (p. 27). Essa lembrança a faz rememorar fatos de sua infância pobre e sofrida.

O quarto começa a incomodá-la, e se percebe irritada. Um "mal-estar real" é sentido, o do "ódio silencioso daquela mulher", e sente um "desejo de matar alguma coisa ali". Mas o momento mais impactante está por vir, quando, ao abrir a porta do guarda-roupas, vê uma barata se movimentando. Assusta-se e fala de seu horror por este ser "imundo". O pavor se instala no momento desse encontro e ela quer fugir, mas precisa antes fechar a porta do guarda-roupas. Com muito medo, empurra a porta do móvel contra o corpo da barata, mas percebe que, embora esmagada, ela continua viva. "Viva e olhando para mim . . . o que eu via era a vida me olhando . . . e nela descobria a identidade de minha vida mais profunda" (pp. 37-39).

Arrebatada e siderada pelo olhar da barata, G.H. sente que precisa "matar alguma coisa" para sobreviver. Reconstruir uma identidade para si, frente ao susto, ao real desse encontro. A barata era ela, a barata era a mãe. "A passagem estreita fora pela barata difícil . . . Eu, corpo neutro de barata" (pp. 44-45).

Neste jogo metafórico, G.H. vai se desnudando diante do "estranho familiar" que assusta e aproxima do que se tem de mais humano e desumano. Aquela barata "velha", milenar, "antiga como uma lenda", é sua relação ancestral. E ela se vê aprisionada neste quarto "caverna", precisando sair. Pressente que está indo ao encontro do desmoronamento das certezas tranquilizadoras do seu cotidiano e sabe estar se despedindo de alguma coisa que precisa matar. "O que vi arrebenta minha vida diária . . . Toma o que vi, livra-me de minha inútil visão, e do meu pecado inútil" (p. 9).

De fato, G.H. quer se libertar das múltiplas identificações que a constituem e, numa busca frenética por sua essência, vai se "despersonalizando". G.H. é o desenho deixado na parede pela empregada, é um nome reduzido a duas letras estampadas nas malas de viagem, é a barata.

Fez-me pensar numa citação de Lacan no Seminário 2: "o eu é a soma das identificações do sujeito, com tudo o que possa comportar de radicalmente contingente. Se me permitem pô-lo em imagens, o eu é como a superposição dos diferentes mantos emprestados àquilo que chamarei de bricabraque de sua loja de acessórios" (Lacan, 1995, p. 198).

Mas vamos ao momento de êxtase de G.H., quando ela degusta a massa que saía da barata. Sentada, imóvel, em frente à barata, ela continua enojada, mas sabe que chegou o momento de realizar o que postergara.

> *É que a redenção devia ser na própria coisa. E a redenção na própria coisa seria eu botar na boca a massa branca da barata. . . . Por que teria eu nojo da massa que saía da barata? Não bebera eu do branco leite que é líquida massa materna? E ao beber a coisa de que era*

feita minha mãe, não havia eu chamado, sem nome, de amor? (p. 110)

Cada investimento pulsional que o sujeito faz é na tentativa de resgatar aquilo que teria sido o objeto de uma "primeira e mítica" grande experiencia de satisfação. É nesse sentido que Freud chamou esse objeto de *Das Ding*, a coisa perdida, e Lacan, de "objeto a", o objeto que falta.

Uma luta é travada entre pensamentos e vertigens. Seu corpo em sudorese, com o coração acelerado entre um tempo de sonho e a realidade, ela avança na agonia do ato derradeiro. Mas, sem aviso, ela vomita o alimento ingerido pela manhã. Fica decepcionada consigo mesma pela sua falta de força em cumprir o gesto que lhe parecia ser o único a reunir seu corpo e sua alma. Passada a exaltação, que teria agido nela como uma hipnose, se sente serena. Então, "como uma menina que estava sem querer alegre" (p. 112), avança e come a massa branca da barata.

Nessa busca, ela vai fazendo um caminho muito próximo ao dos místicos e, ao ingerir as entranhas da barata, "comunga" simbolicamente com o amor primeiro, num gozo de morte. G.H. quer desenraizar-se de si mesma, é no assombro do encontro com o real, barata-mãe mítica, que faz sua "travessia" aceitando a parte estranha de si. "A desenraização de mim mesma está minando subterraneamente o meu edifício . . . A linguagem é meu esforço humano . . . O indizível só me poderá ser dado através do fracasso de minha linguagem. Só quando falha a construção, é que obtenho o que ela não conseguiu" (pp. 118-119).

Essa experiência é muito próxima do que se espera de uma análise, que visa destituir o sujeito dos ancoramentos simbólicos e imaginários mais primordiais, provocando um despertar. Quando G.H. faz sua "travessia" reveladora, sente alegria pela vida e se prepara para "dançar e jantar". Reconhece que o mundo "independia" dela, e isso a deixava confiante. Finaliza o romance dizendo: "a vida se me é, e eu não entendo o que digo. E então adoro" (Lispector, 1964, p. 122).

Referências

Freud, S. (1998). *Edição Eletrônica Brasileira das Obras Psicológicas Completas de Sigmund Freud* (CD-ROM). Jayme Salomão, trad. Rio de Janeiro: Imago. Vol. XVII; XXI; XII.

Izcovich, L. (2016). *A escolha das identificações.* Rio de Janeiro: Stylus.

Lacan, J. (1995). *O seminário, livro 2: O eu na teoria de Freud e na técnica da psicanálise.* Rio de Janeiro: Zahar.

Lispector, C. (1964). *A paixão segundo G.H.* Rio de Janeiro: Rocco.

Moser, B. (2017). *Clarice, uma biografia.* São Paulo: Companhia das Letras.

Parte 2

Vacilo

Laços e desenlaces de filha num devir mãe-mulher: o desamparo materno sob o prisma das problemáticas alimentares

Renata de Magalhães Gaspar

> *Ninguém mais pode te amar senão eu, pensou a mulher rindo pelos olhos; e o peso da responsabilidade deu-lhe à boca um gosto de sangue. Como se "mãe e filha" fosse vida e repugnância. Não, não se podia dizer que amava sua mãe. Sua mãe lhe doía, era isso.*
>
> Clarice Lispector, *Laços de família*

O que pode vir a representar um bebê do sexo feminino para uma mulher? Que possíveis efeitos dessa "pequena diferença" entre os seres humanos podem se reconhecer sobre aquela designada como o objeto primário primordial, provedora do significante? O que pode advir de um olhar para a semelhança sem uma marca explícita da diferença? Essas interrogações vão ao encontro da perspectiva na qual, "sob o prisma do psiquismo da mãe, em suas facetas conscientes e inconscientes, o sexo biológico de seu bebê toca em sua trama identificatória, a qual passa a marcar de imponderáveis formas o psiquismo e a sexualidade emergente no bebê" (Ribeiro, 2011, p. 14).

Trama identificatória complexa, com atravessamentos geracionais, que pacientes com problemáticas alimentares nos evidenciam no extremo da pulsão de morte, e que acabam por convocar – como parte da condução do tratamento – a própria mãe.

A escuta dessas mães e a análise das supervisões[8] dos casos de pacientes no âmbito do Projeto de Estudo e Pesquisa das Problemáticas Alimentares[9] coloca em evidência o desamparo dessas mulheres na função que oficialmente ocupam. Esse é um dos múltiplos fios que podem vir a tecer e contribuir para pensar as vicissitudes das identificações no cenário dessa problemática.

"Não se vê uma mãe ali"

Por serem mães das pacientes, essas mulheres chegam ao Projeto apresentando uma fragilidade e mesmo uma impossibilidade de serem convocadas a partir dessa função. Nos relatos de supervisões analisados, os argumentos recorrentes dos analistas – ao sugerirem encaminhamento para uma terapia individual – dizem respeito ao fato de essas mães estarem mentalmente "muito perturbadas", "desorganizadas", "comprometidas", não podendo contribuir de maneira mais efetiva para o tratamento das filhas. Quando avançamos na escuta deparamos com a história de vida dessas mulheres-mães,

---

8 "A presença e a clínica de mães: considerações preliminares a partir do atendimento no Projeto de Investigação e Intervenção na Clínica das Anorexias e Bulimias", apresentado por Renata de Magalhães Gaspar em 2014 no VI Congresso Internacional de Psicopatologia Fundamental e no XII Congresso Brasileiro de Psicopatologia Fundamental. Trabalho escrito a partir da seleção e da análise de registros feitos por Waleska Ribeiro de supervisões realizadas pelos psicanalistas Mario Fuks e Magdalena Ramos dos atendimentos de pacientes anoréxicas e bulímicas.

9 Projeto desenvolvido no Instituto Sedes Sapientiae com inserção no Departamento de Psicanálise e na clínica desse instituto.

sempre portadoras de "dramas e tramas" com a própria mãe. Neste momento, o que se destaca é a busca dessas mulheres por um lugar que, por vezes, se materializa estando muito próximas fisicamente de suas mães.

Mendonça (2008), em seu texto "A relação mãe e filha na anorexia", ressalta que dizer de separação e de diferenciação entre mãe e filha é falar de "lugares psíquicos distintos, que podem se deslocar e se transformar ou não. Nas famílias em que emerge a anorexia, percebemos que não existem lugares distintos a serem ocupados: lugar de pai, lugar de mãe, de filha" (p. 351). Na escuta dos analistas há diversas menções às mães e aos seus lugares: "lugares intercambiáveis", "lugares como fuga", "lugar frágil", "sem lugar".

Para as mães, não é fácil se fazer presentes quando convocadas. No momento que comparecem, a qualidade dessa presença passa a ser outro desafio; há mães que tomam para si o espaço da sessão - seja pela necessidade de narrar seu próprio drama, seja para falar em nome da filha -, invadindo o "cenário" e buscando protagonizar a cena. É nítida a dificuldade dessas mulheres de se implicar num trabalho psíquico necessário e delineador de limites entre mãe e filha.

É comum se ver presentificada a considerada "mãe dos extremos", marcada pela "ausência" e pela "intrusão", sendo a "mãe intrusiva tão nociva quanto a ausente, denotando assim os efeitos nefastos da mãe dos extremos" (Fernandes, 2006, p. 222). Ambas, "ausentes" e/ou "invasivas", se sustentam numa relação de aprisionamento com suas filhas, num desejo fusional. Neste quadro, a presença de agressões verbais e físicas fora de controle não é incomum, fazendo de nós testemunhas do que podemos definir como um deslocamento do risco. Frente a uma melhora do sintoma alimentar, mas não apenas nesses momentos, o risco de morte passa a ser a violência e, por vezes, a negligência materna –talvez agenciada pela separação necessária, mas ao mesmo tempo temida.

O que se constata, muitas vezes, é uma disfunção materna configurada em um circuito pulsional pautado pelo horror, pelo mortífero, na mesma proporção em que revela o desamparo dessas mulheres-mães face à posição que oficialmente ocupam. Desamparo este ao qual estamos submetidos e que a psicanálise contribuiu para explicitar, também pela via da diferença sexual, apontando que somente o visível e o concreto não definem o estatuto das coisas. Nessa perspectiva, ressalta-se a percepção dos analistas de não conseguirem "ver uma mãe ali". Face à complexidade de abordar esta função mãe, podemos perguntar: o que seria ver uma mãe ali?

Certamente se trata de uma percepção ampla, aqui direcionada pelas palavras de Luciano Elia, no prefácio do livro *Relação mãe e filha*, de Zalcberg (2003). Ele aponta que a relação mãe e filha "não é entre uma pessoa que é mãe e outra que é filha, mas entre duas posições do sujeito mulher, tanto no lugar de filha, em face a sua mãe, quanto no lugar de mãe que poderá vir a ser, o que inclui necessária e estruturalmente as vicissitudes de sua experiência de filha" (pp. 8-9).

Na esteira dessas palavras, nos questionamos se estamos diante de "mães dos extremos" e/ou filhas impossibilitadas ou marcadas pelas vicissitudes de serem filhas em uma travessia do vir-a-ser uma mulher e uma mãe.

O desamparo, esta marca indelével da condição humana e que essas mulheres-mães revelam, pode estar no âmbito do ser filha na dependência do outro primordial – uma mulher, nas funções materna e feminina. Na experiência de filha, herdeira que é do enigma da feminilidade, encontramos as marcas da mulher, estas muitas vezes sob a insígnia do negativo e/ou do mais aquém. À deriva da transmissão simbólica, essas marcas trazem vestígios da transmissão pela via do real, sustentando o enigma e sua exigência de trabalho.

"Não quero parecer em nada com a minha mãe": vozes do narcisismo?

> *Ser mulher nesta época não deve ter sido fácil, ela contava "meu sutiã era feito com lenço". Qual a oportunidade de a mulher ser feminina? Uma época em que faltava tudo, tudo, principalmente em termos de conforto.*
>
> Mãe de paciente referindo-se a sua própria mãe

Essa epígrafe se inscreve no contexto de uma entrevista com uma mulher, mãe de uma paciente do Projeto, dizendo da sua própria mãe como mulher. No decorrer da entrevista, o dito "não quero parecer em nada com a minha mãe", não incomum de escutarmos no cotidiano e na clínica de mulheres em geral, aparece repetidas vezes. Esse dito provocou ruídos em relação ao que poderia nos dizer da sintomatologia da filha, atentos que estávamos ao processo identificatório da paciente com sua avó. Estaríamos diante do repúdio de uma filha (mãe) em se identificar com a própria mãe (avó) e de suas consequências para sua filha (a paciente)? Se sim, o que poderia estar dizendo sobre o desamparo dessa mãe?

O nascimento de uma criança é um dos momentos na trajetória de uma mulher em que se vê reeditada a identificação com a sua mãe, e se a criança for do sexo feminino, há possibilidade de uma maior revivescência do próprio percurso. Ribeiro (2011), ressaltando a transmissão de fracassos no processo de separação entre mães e filhas, diz: "com um bebê do sexo feminino, a mãe revive mais intensamente sua própria trajetória feminina. O par mãe-filha, que estava no palco na geração anterior, é novamente atualizado; as violentas ambivalências podem durar gerações" (p. 159).

No palco da geração anterior àquela que nos chega com a problemática alimentar, no caso em destaque, o que se encena, segundo nos conta a mãe entrevistada, é sua mãe – avó de nossa paciente –, nas trilhas de sua trajetória feminina, olhando para ela (filha) recém-nascida e dizendo: "nossa, coitada, vai passar por tudo isso...". Na confluência das marcas biológica e histórica, essas são as palavras de uma mulher a ser mãe para um bebê do sexo feminino.

A fala daquela mulher para sua filha nos dá a impressão de que, naquele momento, sob o enredo de um *flashback* de desventuras, as barreiras geracionais estariam perdendo seu poder. Por outro lado, a presença de um imperativo de negativação do ser mulher estaria ganhando elementos para sua edificação, juntamente com o compromisso estreito dessa filha em não "passar por tudo isso".

Construções socialmente reconhecidas – nas quais nada pode faltar, e tudo com muito conforto – foram realizadas por essa filha-mãe. No entanto, *a posteriori*, parecem não ser suficientes para conter as desventuras do romance familiar, produzindo sintomas, quiçá devastação, na geração que a sucede, colocando em evidência as questões do feminino.

Nesse sentido, um lapso no discurso dessa mãe-mulher em relação a sua visão do que poderia ter desencadeado a bulimia da filha chama a atenção. Ela a atribui à adoção, pela escola da filha, de um livro – que segundo diz tratava de assuntos ligados aos transtornos alimentares – cujo nome era *Mau começo*. No entanto, ao pesquisar sobre o livro, constato que se trata do primeiro volume de uma coletânea infanto-juvenil denominada "Desventuras em série", que narra a vivência de desventuras, sem final feliz, de três irmãos, a partir da perda dos pais.

Cientes da gama de desdobramentos possíveis a partir desses ditos geracionais, deixemo-nos guiar pelo fio condutor do desamparo.

Ecos do desamparo: "Mãe, eu nunca vou ser uma mulher!"

No caso que trazemos como inspiração, não nos parece ser repúdio à mãe – no que tange à função materna – de que se trata. Essa filha-mãe, referindo-se a sua própria mãe, dá indícios de integração e apreensão de aspectos da maternagem. O reconhecido "jeito pouco afetuoso" convive no seu discurso com a aceitação das orientações recebidas para cuidados com seus filhos, principalmente no que se refere à alimentação, reconhecendo um saber que supera, por vezes, o que escuta dos próprios médicos. No entanto, ao contar a história de seus pais, o discurso se altera em relação à mãe. A menina, a jovem mulher antes de ser mãe, a esposa e a mulher idosa perdem em todos os sentidos para a trajetória paterna; esta, com contornos de idealização, vai se consolidando como o modelo.

Em determinado momento, referindo-se ao tradicional jeito das mulheres da mesma nacionalidade de sua mãe, ela diz: "sabe aquela mulher . . . aquela mulher não é a minha mãe, aquela mulher é o meu pai!". Face ao sofrimento da mãe, que se tornou uma contadora de histórias – verdadeiras "desventuras em série" –, há evidências de dificuldades traduzidas em repúdio e do voltar-se para o pai como saída. Em dado momento, exclama: "isso não me traumatizava porque eu tinha o outro lado!" (do pai).

Para essa filha-mãe, é nítida a apropriação do pai como referência e a abertura para a mãe, ambos inscritos na ordem fálica:

o primeiro definindo seus caminhos profissionais e seus posicionamentos sociais, a segunda delineando uma mãe funcional, presente, porém pouco afetuosa. Nessa linha de pensamento, nos perguntamos: e o lado da mãe, enquanto uma mulher inscrita na ordem do traumático, do sofrimento? É possível uma escolha antes mesmo de se dar conta dos efeitos do laço identificatório alienante/constitutivo e do que lhe foi transmitido? O repúdio à mulher, neste caso, o que pode nos dizer das vicissitudes do feminino através das gerações?

Neste momento, às vozes do narcisismo somam-se as edípicas, e o que ressoa é que a

> *solução edípica que a função simbólica exercida pelo pai traz à menina só lhe oferece uma identificação viril, nunca uma identificação especificamente feminina. Embora continue insistindo em receber de seu pai um significante específico de seu sexo, insistência em que reconhecemos a razão de sua demanda para sempre insatisfeita, a menina não poderá deixar de voltar-se para a mãe. (Zalcberg, 2003, p. 191)*

Essa filha-mãe dá indícios de ter se voltado para a sua mãe, mas, ao deparar com a mulher, as defesas – cisão, negação, a própria recusa se ergueram, e, aliadas, construíram um cenário em oposição à vivência de sofrimento de sua mãe. Por vezes, ao escutá-la, a desafetação aparece como um recurso, dando ares de exterioridade para o que traz no seu discurso. Ela teria, como sua mãe, se tornando uma contadora de histórias? Uma contadora de histórias que não poderiam ganhar significado?

No enlaçamento primordial alienante/constitutivo, os efeitos do outro se apresentam na própria tessitura do sujeito, destinado que está, na condição de herdeiro, a fazer-se sujeito a partir e com o que recebeu. Essa perspectiva abre para pensarmos que o uso de defesas que inibem um trabalho psíquico de metabolização do vivido pela mãe e recebido por uma filha não é sem consequências. Elliacheff e Heinich (2004), referindo-se aos esforços das filhas para não se tornarem iguais a suas mães e aos seus possíveis efeitos estranhos e mesmo contrários aos que eram esperados, destacam: "Ah, se o inconsciente não existisse...". Seguem dizendo que

> *provavelmente o romance que se nutre dessas contradições tampouco existiria . . . são aqueles romances que percorrem pelo menos três gerações que vão nos mostrar o que pode acontecer com as mulheres quando elas não desejam que lhes seja transmitida a herança de sua mãe nem transmiti-la. (Elliacheff & Heinich, 2004, p. 269)*

Nesse sentido, um dito que essa filha-mãe escuta de sua própria filha, nossa paciente, face aos atributos do seu corpo – pouco seio e baixa estatura –, pode estar revelando possíveis efeitos na terceira geração: "Mãe, eu nunca vou ser uma mulher".

Diante da densidade e do fechamento dessa afirmativa, interrogamos: sob a possibilidade de o significante mulher ter se transformado em um signo, numa relação estreita com o sofrimento, a geração posterior àquela que acreditou poder se constituir à revelia de suas heranças terá, nesta trama complexa do tornar-se mulher, mais esse elemento na sua tessitura?

Izocovich (2016), ao convocar a questão da transmissão, auxilia no entendimento da complexidade e da dimensão do desafio que se impera neste lugar de "entre duas posições do sujeito mulher". Pergunta o autor: "Como posso fazer para que isso passe ou não passe para a geração seguinte?". Segue afirmando: "Não há cálculo de transmissão possível. Porque na transmissão, trata-se, antes, da dimensão inconsciente. O que se transmite é o dizer inconsciente que, no entanto, pode dizer. Há, portanto, não apenas um incalculável, mas também um indizível na transmissão" (Izocovich, 2016, p. 28).

No âmbito dessa complexidade, fechamos com interrogações, dentre elas a que se segue: essa filha-mãe, no entre sua mãe e sua filha, sob o horror e o repúdio a se identificar com a representante das origens do seu próprio sexo, deixa de exercer – na sua condição de elo numa cadeia mais ampla, na qual os significantes transitam numa exigência de trabalho e o incalculável e mesmo o indizível da transmissão se irrompem – parte da função materna para uma menina a se fazer mulher?

Referências

Elliacheff, C., & Heinich, N. (2004). *Mães-filhas: uma relação a três.* São Paulo: Martins Fontes.

Fernandes, M. H. (2006). *Transtornos alimentares.* São Paulo: Casa do Psicólogo.

Izocovich, L. (2016). *A escolha das identificações 2011-2012.* Rio de Janeiro: AFCL.

Mendonça, L. (2008). A relação mãe e filha na anorexia. In S. L. Alonso, D. M. Breyton, H. M. F. M. Albuquerque (orgs.), *Interlocuções sobre o feminino: na clínica, na teoria, na cultura* (pp. 349-356). São Paulo: Instituto Sedes Sapientiae.

Ribeiro, M. (2011). *De mãe em filha: a transmissão da feminilidade.* São Paulo: Escuta.

Zalcberg, M. (2003). *A relação mãe e filha.* Rio de Janeiro: Elsevier.

Deixando os cabelos crescer...

Maria Zilda Armond Di Giorgi

Não se nasce mulher...

Não se nasce mulher e também não se nasce homem.

Tornar-se homem ou mulher envolve um processo de identificação ao masculino ou ao feminino. Embora ao nascer o bebê já receba uma marca "menino" ou "menina" conforme tenha pênis ou vagina, esse processo está intimamente ligado ao desejo dos pais sobre a criança.

Ana Sigal (2016) coloca que, ainda que a caracterização dos papéis sociais do que é ser homem e ser mulher seja definida culturalmente, eles são mediados pelo inconsciente do adulto, ou seja, o desejo do outro. E acrescenta que esta primeira identificação ao gênero determina a aparência externa e marca um lugar para o começo da construção da subjetividade, atuando como uma rede de sustentação e fornecendo os elementos para os demais traços identificatórios. É uma das trilhas por onde caminha o processo de subjetivação.

Ou seja, não obstante a identidade sexual estar ligada ao sexo biológico, para a psicanálise, não está predeterminada a relação entre sexo anatômico e o assumir-se homem ou mulher. As vicissitudes das primeiras relações entre mãe e filho têm influência na definição dessas primeiras identificações, já que o bebê é depositário das fantasias e das expectativas inconscientes dos pais e, desse modo, é investido de tudo o que diz respeito ao desejo deles.

O organismo do bebê, libidinizado pelos cuidados da mãe, vai se tornando um corpo pulsional, recortado de representações, e nele vai se constituindo um sujeito. É desse lugar das representações imaginárias que a criança vai se identificar com o que ela interpreta como desejo dos pais.

Uma vez a criança identificada como menina, entrando ela na puberdade, somente a ação dos hormônios femininos sobre seu corpo não será suficiente para que ela se torne mulher. Um passo a mais, uma elaboração a mais nesta caminhada se faz necessária.

Tornar-se mulher

Ao tomar a expressão "não se nasce mulher, torna-se mulher" (Beauvoir, 1967, p. 9), penso numa construção que depende de um processo identificatório longo e singular, simultânea à própria constituição do sujeito e que faz referência ao imaginário correspondente aos papéis da mulher e aos valores culturais próprios de cada época. O tornar-se mulher diz respeito a como a menina pode se apropriar das características atribuídas à feminilidade, veiculadas no discurso social.

A problemática da sexualidade feminina, os ideais e as concepções de feminilidade estiveram presentes desde o início na obra de Freud, e toda tentativa freudiana de responder às questões ligadas à feminilidade se deram em torno da teoria do falocentrismo. Por esse conceito, a mulher já nasce castrada pela falta de um órgão, o pênis, e só se tornaria mulher sendo mãe, tendo um filho/falo.

Se por um lado Freud considerou situar a mulher apenas como mãe, por outro, ao colocar que "é próprio da peculiaridade da psicanálise, então, que ela não se proponha a descrever o que é a mulher . . . mas investigue como a mulher vem a ser" (Freud, 1933/2009, p. 269), abriu a possibilidade para outras reflexões, pois reconheceu que não há uma essência do que é ser mulher, mas uma construção da identidade feminina, ou, dito de outra forma, que o feminino não está dado nem antecipado no biológico.

No livro *O que Lacan dizia das mulheres*, Soller (2005) diz que Lacan trouxe outras contribuições para explicar o ser mulher, ao colocar que não se trata da falta de um órgão, mas da falta de um símbolo específico da sexualidade feminina, como o falo é para o homem. Não existe um significante que contemple o conjunto de todas as mulheres: cada mulher é única, no sentido de serem consideradas uma a uma. O falo, embora esteja ligado ao pênis, é também um representante da falta. Falta que marca a entrada na linguagem para todo ser humano, já que a palavra, ao nomear a coisa, sempre deixa um resto. A palavra não é a coisa. O efeito dessa entrada é uma perda de gozo, e funciona para todos como uma castração simbólica.

Lacan trabalha também o conceito de mulher na relação com o gozo e com o desejo. No campo do gozo, estabeleceu que a mulher está submetida a dois tipos: o gozo fálico, submetido à castração, e o gozo especificamente feminino, que está fora da castração. Ou seja, a mulher é "toda fálica" e também "não toda fálica", significando que toda mulher é castrada, mas algo fica fora da castração.

Ser "não toda fálica" remete à ideia de que algo na mulher escapa à medição suposta ao fálico, escapa à linguagem e ao discurso, permanecendo como indecifrável, não nomeável, como enigma. A resposta à pergunta "o que quer uma mulher?" cada uma terá de tentar encontrar singularmente.

Minha proposta para este estudo é ressaltar como Dani construiu o seu processo de tornar-se mulher a partir da relação com a mãe, entrelaçada de múltiplas identificações, espelhadas e carregadas de narcisismo, separando-se da mãe e seguindo um caminho que atendesse a seu próprio desejo.

Que tipo de mulher quero ser?

"Que tipo de mulher quero ser?" Foi essa pergunta que a adolescente Dani, então com 18 anos, começou a se fazer quando se viu às voltas com o ter de se posicionar como mulher sem querer se parecer com nada do que ela imaginava que as mulheres teriam de ser: bonitas, sensuais, vaidosas, objeto de admiração dos homens e, sobretudo, submissas. Não queria isso e achava que esse era o modelo para ser mulher.

Não tratarei neste texto do lugar que o pai ocupa no desenvolvimento da menina em relação a sua feminilidade, o enfoque vai se dar na relação com a mãe. Sabemos que a mãe tem um lugar privilegiado na construção da feminilidade da menina, na condição de mãe e de mulher. Porém, ela não será suficiente para dar todas as respostas à filha, pois ela também não as tem. O meio social e cultural também oferecerá à menina os ideais do que é ser mulher, e estes poderão conflitar com os ideais maternos. O grau do conflito dependerá de quanto a mãe será permeável em aceitar a diferença de sua filha e de quanto a filha será capaz de bancar sua própria diferença, sustentando sua singularidade diante da mãe.

É esse conflito que está vivendo a jovem Dani quando sua mãe a leva a procurar por análise, preocupada que estava com a depressão que a filha apresentava.

Dani conta que desde os 6 ou 7 anos já começara a se questionar sobre as brincadeiras de meninas, gostava sempre das que eram consideradas "de meninos": jogar futebol, andar de bicicleta, de *skate*, brincar de carrinho de rolimã... E, segundo ela, isso não podia acontecer, porque os pais reprovavam.

Mas por que não podia, se ela não gostava de brincar de casinha, nem de boneca? "Coisas muito paradas", dizia. Ela gostava de coisas agitadas, de jogos, de pega-pega. Seus pais a reprovavam porque, para eles, ela era sempre inconveniente e inadequada em suas brincadeiras.

Na adolescência, o conflito se deslocou para a aparência, ocasião em que Dani julgou ter condições de se opor aos pais, especialmente a mãe. Dani começou negando tudo o que pudesse caracterizá-la como feminina: usava botas tipo coturno, saia ou vestido largos, calça jeans e camisetas grandes e largas; não usava maquiagem, nem brincos, nem anéis, nem colares, nenhum adereço feminino. Passou a não depilar as axilas nem as pernas e usava os cabelos bem curtos, quase raspados à máquina. "Não quero me preocupar em arrumar os cabelos", dizia. Aboliu qualquer expressão de vaidade, pois ligava a vaidade à feminilidade.

Estava presa a uma série de representações imaginárias que ela atribuía ao feminino, como a de que ser mulher é ser submissa, vaidosa, superficial; é dar importância mais ao corpo que ao intelectual; é ter de se responsabilizar pelos afazeres domésticos; é ter de casar e ter filhos. Essas representações massivas não davam lugar à falta que caracteriza o lugar para existir o desejo.

Acreditava que, se não se posicionasse veementemente contra essas representações, teria o mesmo destino das mulheres que conhecia: sua mãe, suas avós, suas tias – ou seja, seria infeliz. Dani se viu enredada neste conflito, culpando-se por não atender ao desejo da mãe, que a queria mais feminina, e, ao mesmo tempo, submetendo-se a comportamentos que não a deixavam confortável consigo mesma. Atuava em oposição à mãe, mas não estava em conexão com seu desejo.

Queria se mostrar uma mulher livre, despojada de vaidade, bem longe dos padrões maternos e dos que a cultura construiu para uma mulher "enquadrada", dizia. Não queria ser uma "bonequinha", uma "Barbie". Não queria usar penduricalhos nas orelhas, nem colar, nem usar pintura na boca ou nas unhas. Principalmente, não queria ser submissa aos homens e não queria os olhares dos homens sobre o seu corpo.

Até esse momento, ela seguia uma proposta que parecia dar conta de satisfazê-la, indo só na contraposição à mãe. Essa solução, porém, foi se apresentando insuficiente com o decorrer da análise, pois Dani foi percebendo que não queria ficar presa ao modelo que impusera para si, anulando qualquer possibilidade de investir em seu corpo de mulher.

Muitas vezes se questionou se queria ser homem, afinal, sempre se identificara com "as brincadeiras consideradas de meninos"! Seus melhores amigos também sempre foram meninos. Novos questionamentos foram surgindo: "Por que eu não podia brincar de brincadeiras de meninos?"; "Por que meninas não podiam jogar bola? Nem andar de *skate*?". Depois de algum tempo mais de análise, Dani chegou a formular: "Não, não quero ser homem. Eu gosto de ser mulher, eu não gosto das limitações impostas à mulher".

Dani estava sofrendo, sem ter se dado conta até então, de uma problemática tão cara às mulheres: a luta por direitos iguais, que leva em conta os ideais de autonomia, de liberdade sexual, de poder ter uma profissão, de poder optar por querer ser mãe ou não, por se casar ou não. A construção de sua feminilidade envolvia uma mudança de valores da qual ela já tinha consciência, mas da qual não podia se apropriar, por não poder dar crédito a si mesma.

Para essa menina/mulher poder apropriar-se do que queria para si como mulher, havia esta outra caminhada que se delineou na análise: poder desejar sem estar colada ao desejo da mãe. Caminho nada fácil, porque tudo o que ela conquistava não valia nada se não se encaixava nos ideais que a mãe construíra para ela.

Quando ainda pequena, como "bonequinha", Dani tinha a admiração da mãe. A partir do momento que começou a manifestar um desejo de não se parecer mais com os ideais maternos propostos para ela, mas de ser uma menina que gostava mais de brincar com "coisas de menino", deixou de satisfazer ao olhar da mãe, e as reprovações sobre seu comportamento e seu jeito de ser foram sempre aumentando. "Quando a filha não consegue ocupar esse lugar de objeto desejado, perpetua-se a demanda ao Outro como única garantia de uma identificação possível; garantia sempre a ser reafirmada e impossível de confirmar" (Zalcberg, 2003, p. 139).

Dani caiu do lugar de falo da mãe, de objeto desejado, para o lugar de dejeto, enquanto objeto fora do olhar da mãe. Toda desaprovação por parte da mãe acabava repercutindo negativamente na autoimagem de Dani, que apresentava forte desvalorização, reprovação em tudo o que fazia, culpa e uma demanda constante de reconhecimento. Nunca conseguia sustentar uma decisão tomada, porque sempre se achava errada.

O impasse da escolha parecia impossibilitar seu desejo. Começou a ter sentimentos de estranheza e angústia, apatia e depressão. E embora parecesse lutar contra o desejo da mãe, favorecendo o seu próprio, atuava na realidade no mesmo registro da mãe, mas em oposição.

Os sentimentos de estranheza e de angústia, num primeiro momento, levaram-na a uma imobilização, deprimindo-a, e, num outro, foram o que a levou a se interessar pela análise e, com isso, a encontrar a possibilidade de se livrar da devastação que o aprisionamento no desejo materno indicava. O descolamento do desejo materno implicaria uma perda, a ruptura de uma ligação que nem a mãe nem Dani estavam podendo suportar. Na análise, era visível a dificuldade de Dani em poder validar qualquer escolha sem a aprovação materna.

Com a entrada em análise, Dani teve condições de viabilizar o que já vinha manifestando anteriormente com a depressão e pôde se perguntar: "O que eu quero?"; "O que me é possível?"; "O que minha mãe quer de mim?"; "O que eu quero para mim?".

Em busca do possível

Freud já havia ressaltado, desde o início de seus estudos, a consistência do vínculo que une mãe e filha. No dizer de Colette Soler (2005), ele ficou espantado com essa descoberta. A autora, citando Lacan, confirma isso ao lembrar que, para ele, a filha espera mais "subsistência" da mãe que do pai, mesmo que a mãe possa ser para a menina o que ele chama de uma possível devastação.

O mal-estar para Dani é ficar presa ao desejo da mãe: em vez de a mãe ser a propulsora do desenvolvimento e da constituição da subjetividade da filha, ela acabava dificultando este movimento ao se opor à busca da identidade feminina fora dos ideais que ela lhe acenava. A subsistência que a filha espera é que a mãe, como mulher, lhe diga o que é ser mulher.

Dani também não encontrou na mãe uma escuta-suporte para seu desejo, para poder se apropriar das brincadeiras com o *skate*, com a bola, com os jogos de futebol.

Como buscar um estilo próprio para sua feminilidade? A mãe encontrara o dela, agora era o momento de Dani procurar o seu. A análise proporcionou as condições para que ela iniciasse um percurso em busca do possível que ela queria ser. Era um caminho a ser construído, tendo sido a analista colocada no lugar do suposto saber e, a partir daí, sustentado a questão do desejo da analisanda. Foi nesse momento que Dani pôde também decidir-se pelo curso universitário pelo qual sempre manifestara interesse, assumindo seu desejo. Aqui, penso, foi se delineando uma outra faceta da mulher que ela queria ser: uma profissional ligada às artes.

Enquanto analista, pude manter uma escuta que permitisse a dissolução das identificações aos enunciados familiares e a separação do desejo dela do desejo da mãe. Dani foi desconstruindo verdades que antes considerava absolutas e imutáveis, relativizando-as e reelaborando-as, adquirindo condições de se desligar do eu ideal imaginado para ela por sua mãe, sem que isso implicasse a perda de seu amor. Ficou possível buscar na cultura outras insígnias que a valorizassem e que estavam em consonância com o que queria para si.

Todo esse percurso envolveu uma separação da mãe, e a fundamentação de sua passagem pelo Édipo foi tirando a mãe de um lugar fálico e muito poderoso, relativizando sua palavra e restaurando o lugar do pai, despotencializado até então.

Depois de algum tempo, Dani deixou crescer os cabelos. Já não precisava mais raspá-los.

Referências

Beauvoir, S. de. (1967). *O segundo sexo: a experiência vivida* (v. 2). 2. ed. São Paulo: Difusão Europeia do Livro.

Freud, S. (2009). A feminilidade. In S. Freud, *Obras completas* (v. 18, pp. 263-293). Paulo Cesar de Souza, trad. São Paulo: Companhia das Letras. (Trabalho originalmente publicado em 1933)

Sigal, A. M. (2016). Ainda a Psicanálise no campo da sexuação! In S. L. Alonso et al. (org.), *Corpos, sexualidades, diversidade* (pp. 127-142). São Paulo: Escuta.

Soler, C. (2005). *O que Lacan dizia das mulheres.* Rio de Janeiro: Zahar.

Zalcberg, M. (2003). *A relação mãe e filha.* 13. ed. Rio de Janeiro: Elsevier.

Separação

Maria da Graça Barreto Baraldi

Larga a minha mão, solta as unhas do meu coração
Que ele está apressado
E desanda a bater desvairado
Quando entra o verão.

Chico Buarque, "De todas as maneiras"

No mundo de hoje, os relacionamentos amorosos sofrem os efeitos das transformações que ocorrem no mundo digital: os objetos de desejo estão à mão, ou melhor, a um toque – os encontros, os *matches*, se sucedem sem compromisso, inclusive virtualmente.

Na clínica psicanalítica, essas mudanças também ecoam: os homens e as mulheres que nos procuram, no espaço do consultório, preservado de *likes*, dizem das suas angústias diante dessa sucessão de parceiros e parceiras voláteis.

Pretendemos dirigir nossa reflexão para as mulheres que sofrem de amor. Elas falam de sua busca por um parceiro que corresponda aos ideais românticos que impregnam suas expectativas:

sonham com a relação amorosa verdadeira, querem sua alma gêmea. Uma jovem executiva diz: "Falta algo... Para que servem o prestígio profissional, a independência financeira, se me sinto tão sozinha?".

O que algumas mulheres que nos procuram constatam, e muitas vezes se recusam a reconhecer, é que esse relacionamento que imaginam que vai completá-las é frágil. Com frequência, relacionamentos que se direcionam para a completude fracassam e essas mulheres submergem no sofrimento.

Nessas muitas histórias de separação que são narradas por mulheres na clínica, uma temática se destaca: a traição. Elas são traídas por aqueles de quem esperavam lealdade, o pacto de amor se desfaz.

O tema da traição nos relacionamentos amorosos aparece em diversos repertórios culturais, como músicas, novelas, romances literários e filmes. No livro *Amor e fidelidade*, a autora Gisela Haddad apresenta em síntese o pensamento de Freud sobre esse tema:

> *a infidelidade seria um destino praticamente inevitável, e a maneira como cada sujeito irá lidar com seus impulsos de trair ou com a traição de seu parceiro estaria ligada aos fatores que remetem aos conflitos, sofrimentos e feridas narcísicas vivenciadas na relação e na separação do seu primeiro objeto de amor, e as vicissitudes enfrentadas diante dos ciúmes em relação ao(s) terceiro(s) que invade(m) essa relação excludente que se atribui ao objeto privilegiado. (Haddad, 2009, p. 127)*

Observamos que Freud enfatiza que os efeitos provocados pela relação do sujeito com seu primeiro objeto de amor, a mãe ou seu substituto, assombram os relacionamentos amorosos na vida adulta. É o que vamos apresentar na sequência deste texto. O desenrolar da análise de uma jovem mulher revela a experiência da traição, que se desdobra, no trajeto de construção da sua feminilidade, singular a cada mulher, em uma mortífera identificação vivenciada por ela com sua mãe.

Joana, desde o início de seu processo analítico, se queixava de sua insatisfação com seus relacionamentos amorosos: procurava entender por que rompiam, por que a relação se deteriorava, por que no início se apaixonava, o outro era o príncipe, e depois ela se desiludia, ele virava um sapo. Dizia-se uma mulher resolvida sexualmente, sem inibições. Mas se no início dos relacionamentos isso funcionava, depois de um tempo a relação ia ficando morna e acabava. "Falta alguma coisa, que não sei o que é", dizia ela.

Surpreendia-se com o fato de suas amigas seguirem relacionamentos por longo tempo. Afinal, o que era ser essa mulher que mantinha os vínculos amorosos?

Nas sessões, Joana entremeava suas queixas amorosas com os relatos da dificuldade de relacionamento com a mãe. Queixava-se da falta de interesse da mãe por ela, pelo seu trabalho. Joana insistia em se fazer interessante para a mãe, contando pequenas histórias do trabalho, às quais a mãe respondia monossilábica, ou então manifestava uma posição crítica em relação à atuação de Joana, que reagia: "nada do que faço é bom para você!".

No cotidiano da clínica, a mãe costuma ser o objeto de queixas dos analisandos: ora ela está ausente, ora presente demais. Como diz com precisão Soler (2005) sobre a mãe que aparece no discurso dos pacientes, "tanto por suas recusas quanto por suas dádivas, ela aparece como a imagem das primeiras angústias, o lugar, ao mesmo tempo, de uma ameaça obscura e de um enigma insondável" (p. 98).

Freud, no início de suas formulações sobre a constituição da feminilidade, ou como tornar-se mulher, apontava uma simetria entre o que acontecia com o menino e a menina, ou seja, os tempos do Édipo eram os mesmos. Com o avanço de suas teses, reconhece a dissimetria entre o menino e a menina na constituição de suas sexualidades: "Há muito tempo, afinal de contas, já abandonamos qualquer expectativa quanto a um paralelismo nítido entre o desenvolvimento sexual masculino e feminino" (Freud, 1931/1974, p. 234). Também descobre, principalmente, a importância da ligação intensa e apaixonada da menina com a mãe, que se faz presente, com nuances diferentes, por toda a vida da mulher.

Ele escreve, problematizando sua descoberta: "a fase pré-edipiana nas mulheres obtém uma importância . . . essa fase comporta todas as fixações e regressões a que podemos remontar a origem das neuroses, talvez pareça que deveríamos retratar-nos da universalidade da tese segundo a qual o complexo de Édipo é o núcleo das neuroses" (Freud, 1931/1974, p. 234).

É importante marcar que o amor da menina por sua mãe, na fase pré-edipiana, é o amor pela mãe fálica, aquela à qual não falta nada; quando ela descobre que a mãe é castrada, que ela não pode dar o que a menina reivindica, o idílio desaparece. A menina se torna hostil e agressiva com a mãe, e parte, então, em direção ao pai. Na clínica, encontramos, nas falas das mulheres, referências à sua relação com o pai desde a infância.

Joana falava do pai com admiração e sofrimento. Falava da dor que a acometeu com a morte do pai, quando ela era adolescente. Recordava-se dos momentos em que, juntos, ouviam as músicas preferidas dele. O pai costumava dizer, alegremente: "você é a filhinha do papai". Também se recordava de que o pai a protegia das reações duras da mãe quando ela tinha problemas na escola: brigas, mau comportamento. Ele dizia: "não vamos contar para sua mãe".

O que se constata muitas vezes é que a ligação da menina com o pai revela um pai idealizado, quando se trata, na verdade, de um pai que consente em certo enfraquecimento de sua palavra, que reage fracamente às imposições da mãe – o que acentua a impossibilidade de a menina obter do pai uma resposta para a sua busca a respeito da feminilidade (o que é ser uma mulher), a qual originalmente buscara obter da mãe.

A complexidade do vínculo com o pai se traduz, muitas vezes, em padecimentos das mulheres em suas relações amorosas: transferem para seus parceiros suas reivindicações fálicas, as quais, originalmente, faziam às suas mães. Freud, atento a essa questão, explica qual é a origem da dificuldade da mulher em se separar da mãe, condição para estabelecer uma relação com um homem que ela escolhera como modelo do pai,

> *mas, na realidade, tornou-se herdeiro de seu relacionamento com a mãe. Isso é facilmente explicado como um caso óbvio de regressão. O relacionamento dela com a mãe foi o original, tendo a ligação com o pai sido construída sobre ele; agora, no casamento, o relacionamento original emerge da repressão. (Freud, 1931/1974, p. 239)*

A problemática sobre a relação mãe-filha – aspecto crucial para o desenvolvimento da feminilidade –, apontada por Freud, avançou com o ensino de Lacan, o que trouxe significativas repercussões na clínica.

Lacan (1957-1958/1999), no início do seu ensino, concorda com os posicionamentos de Freud quanto à intensidade da relação mãe-filha, mas avança em suas colocações, particularmente no Seminário 5, na lição "A menina e o falo". Ele ressalta a dependência da criança com relação à mãe, ao desejo da mãe: o que a mãe quer e se ela, a criança, pode ocupar, e como ocupar, o lugar de objeto de desejo da mãe, nomeado como o falo.

O pai, ou aquele que exerça a função paterna, se torna necessário para romper essa dualidade, essa relação idílica, abrindo caminho para a criança se libertar do jugo do desejo materno. Quando a criança se confronta com o fato de que não é o falo da mãe – então quem é ela no desejo da mãe? –, se abrem soluções para a relação extremamente apaixonada com a mãe. Questão que tem significativa repercussão na trajetória da menina para estabelecer sua identidade feminina: o que ela é para a mãe? Ou, como a menina perguntaria: "mãe, o que é para você ser mulher?".

No fragmento de caso apresentado, Joana vive com dramaticidade sua relação amorosa: "quem sou eu no desejo do outro?". Costuma repetidamente falar da importância que tem para ela se sentir amada, de como "perturba" seu parceiro, pedindo que fale de seus sentimentos por ela. Se queixa, porém, da convivência, que vai ficando insuportável; das diferenças irreconciliáveis; das brigas, que finalizavam com a decisão da separação.

Embora magoada, frustrada, desconsiderava as decisões, voltava atrás: vaivém que se sucedia indefinidamente. Por um lado, a insatisfação do casal não se escondia: aparecia nas palavras agressivas de um para o outro, o mal-estar estava estabelecido. Por outro, havia palavras ambíguas proferidas pelo parceiro: ora ela era a mulher que ele queria junto dele para sempre, ora desconsiderava o que ela fazia, não valorizava suas ações. Isso a enlouquecia.

Dizia que era uma relação que fazia aparecer o que havia de pior nela: sua ironia, sua agressividade, sua intolerância. Eram seus excessos que a assustavam: além das falas agressivas, algumas vezes, tentava agredir seu parceiro fisicamente.

A relação amorosa de Joana traz sinais do vínculo destrutivo: na relação com o seu parceiro deseja ser amada, se decepciona, não há limites para o desvario, não se contém, não importa se os efeitos sobre o objeto são de dano, aniquilamento. Ela enlouquece. Trata-se de um relacionamento – sua insistente demanda por amor, o horror diante da perda do objeto amado – que parece aproximar-se do que Freud nomeia como catástrofe, a relação passional, primitiva, entre mãe e filha e seus efeitos.

As questões desse relacionamento se intensificam com a suspeita de Joana de que houve uma traição do parceiro. Ele nega, mas ela reage à traição consumada. Fala da dor de ter sido traída, da perda do lugar de mulher amada, do ódio, dos desejos de vingança e dos porquês: "o que faltou na relação?", ela se pergunta. Joana insiste, recua, diz que não quer a separação: "quem sabe, mais uma tentativa para ficarmos juntos"; "ele diz que não me traiu, que me ama... que comigo é diferente!".

Seguindo o trabalho da análise, o convite à associação livre, um fio puxando outro fio, Joana fala de um acontecimento que impregnou as lembranças de sua infância e sua adolescência: a traição do seu pai, ou melhor, a dúvida – teria ou não seu pai traído sua mãe?

Reconstrói, nas sessões, as cenas que presenciava: sua mãe, enlouquecida de ciúmes, acusava o marido, esmurrava-o. Ouvia o bater da porta quando a mãe saía de casa; ficava horas ausente. Lembrava-se de ficar paralisada, sentada no sofá, aguardando o retorno da mãe. Diz que odiava a mãe quando essas cenas aconteciam. Seu pai negava a traição, dizia-se vítima de pessoas sem escrúpulo.

Joana, ao falar do acontecimento, comenta que duvidava da traição do pai, mas reconhecia o sofrimento da mãe, embora não perdoasse seus excessos. Mas também se perguntava: por que a mãe, que falava todo o tempo da traição, não se separou? Brigava, perdia a cabeça, mas continuava... Repetia: "sou uma mulher traída", dizer que ressoava pela casa.

Na análise de mulheres, constatamos que a reivindicação por um significante que represente a mulher pode tomar diversos caminhos. No caso em questão, parece que, para Joana, sua mãe se fixou nesta posição de padecimento: mulher traída, excluída do lugar do objeto amoroso, significante que fez as vezes do que representou para si o ser mulher. Na sua infância, ela interpretou o que viu, ouviu, como a forma que sua mãe encontrou para solucionar seu próprio enigma da feminilidade; e aí se deu o enlaçamento com o significante: "sou uma mulher traída".

O desenrolar do percurso de Joana, com seus sofrimentos e suas escolhas amorosas, alerta-nos, como analistas, para a função da relação mãe-filha na constituição do ser mulher. A menina, no caso em questão, busca se identificar com a mãe, na esperança de que assim obterá o significante que defina o que é a mulher. O que a menina ainda não sabe é que esse significante determinado não existe, que a mãe não o tem para lhe ofertar, que cabe a cada uma criar uma identificação feminina para si.

Joana, ao construir um saber sobre esse significante que falta, poderá fazer suas escolhas amorosas não mais submetida às identificações com a mãe, mas apostando no modo de ser feminino singular, inventado por ela.

E os versos de Caetano Veloso nos remetem à complexidade dessa invenção:

Onde queres o ato, eu sou o espírito
E onde queres ternura, eu sou tesão
Onde queres o livre, decassílabo

E onde buscas o anjo, sou mulher

Onde queres prazer, sou o que dói . . .

(Veloso, 1984)

Referências

André, S. (1998). *O que quer uma mulher?* Rio de Janeiro: Zahar.

Brousse, M.-H. (2004). Uma dificuldade na análise das mulheres: a devastação da relação com a mãe. In J.-A. Miller (org.), *Ornicar?: De Jacques Lacan a Lewis Carrol.* Rio de Janeiro: Zahar.

Buarque, C. (1980). De todas as maneiras. In *Vida.* Rio de Janeiro: Polygram/Philips.

Drummond, C. (2011). Devastação. *Opção Lacaniana, 2*(6).

Freud, S. (1974). Sexualidade feminina. In S. Freud, *Edição standard brasileira das obras psicológicas completas de Sigmund Freud* (vol. XXI). Jayme Salomão, trad. Rio de Janeiro: Imago. (Trabalho originalmente publicado em 1931)

Haddad, G. (2009). Amor e fidelidade. São Paulo: Casa do Psicólogo. (Coleção Clínica Psicanalítica. Flávio Carvalho Ferraz, org.)

Infante, D. P. (2015). Amar é dar o que não se tem. In I. Katz, C. Santana & I. A. Kisil, (orgs.), *Leituras e Leitores de Lacan em três aforismos.* São Paulo: Intermeios.

Lacan, J. (1999). *O seminário, livro 5: As formações do inconsciente.* Rio de Janeiro: Zahar. (Trabalho originalmente publicado em 1957-1958)

Soler, C. (2005). *O que Lacan dizia das mulheres*. Rio de Janeiro: Zahar.

Veloso, C. (1984). O quereres In *Velô*. Philips.

Zalcberg, M. (2003). *A relação mãe e filha*. Rio de Janeiro: Elsevier.

Pequenas considerações sobre o dinheiro e o feminino

Renata Calife Fortes

Se acaso me quiseres,
sou dessas mulheres
que só dizem sim . . .
E se tiveres renda
aceito uma prenda
qualquer coisa assim . . .

Chico Buarque, "Folhetim"

Este ensaio tem como objetivo pensar sobre o anseio de algumas mulheres por uma tal independência financeira que, uma vez obtida, reconfiguraria a relação delas com o próprio desejo. No ofício da psicanálise, a ferramenta é a escuta. Sabemos que a singularidade de cada paciente deve ser o nosso pano de fundo. Entretanto, sem saber uns dos outros, os pacientes com seus discursos tecem para o analista um pouco do panorama contemporâneo. Ao final de cada ano, cada período, cada caderno de supervisão, temos um mosaico psicanalítico.

Faço um agradecimento especial às minhas analisandas que teceram este painel comigo. A partir dos quatro enredos trabalhados a seguir, veremos que essas mulheres colocam-se em uma posição de subjugação na relação com os seus parceiros. Embora justifiquem tal posição atribuindo-a à independência financeira, ou à falta dela, a clínica nos mostra que esse discurso é apenas um subterfúgio para lidar com as questões da feminilidade.

As tecelãs

Lígia é uma profissional da área de marketing que, por volta dos 40 anos, tem um filho. Ela não exerce a profissão, se ocupa exclusivamente dos cuidados com a casa e a família. O marido desmerece a sua função de mãe e não colabora nos cuidados com a criança. Sustentar a casa, segundo ele, é seu único papel. Ela, como não trabalha, concorda em fazer sexo sempre que o marido quer. Na opinião dela, os homens são muito primitivos; para eles, *fazer sexo resolve. Não se sente contemplada.* Tem um devaneio de que se estivesse atuando no mercado de trabalho, exigiria que ele se envolvesse na educação do filho e não transaria sem desejar.

Luz está prestando vestibular, almeja ser médica. Veio à análise porque apresentava episódios de ansiedade caracterizados por dores de estômago e vômitos. Alimenta-se pouco, não participa de atividades sociais e dedica boa parte do tempo aos estudos. Entre uma prova e outra, *maquia-se*. Enquanto não passa no vestibular e começa a ganhar seu próprio dinheiro, não se permite sonhar. *Ela joga buraco.* O seu discurso revela uma fantasia de que somente quando for uma médica bem-sucedida financeiramente terá valor como mulher perante a família e perante os homens com quem deseja se relacionar. Poderá até maquiar-se fora de casa.

Flora é uma mulher muito bonita que não consegue dar andamento à carreira. Não tem dinheiro para sustentar-se. Depende do dinheiro do pai, a quem conta todos os detalhes de seus relacionamentos amorosos. O pai, por sua vez, sente-se autorizado a decidir sobre a casa, o emprego, o namorado e a roupa da filha. No discurso de Flora, a figura paterna aparece como aquele que detém o dinheiro e, portanto, é a pessoa que sabe do que a filha precisa e o que deseja. Flora busca um parceiro com boas condições financeiras. *Diz só ter o corpo a oferecer*, portanto, todo o *resto*, que ora é provido pelo pai, por deslocamento será demandado ao marido.

Dolores tem um bom salário, é responsável por todas as despesas da casa. Tem dores em várias partes do corpo, com as quais diz estar acostumada. Deseja ter um filho, precisa que o marido contribua. Dolores diz que "As mulheres de hoje não sabem fazer nada... Ninguém prega um botão, pagam para os outros fazerem...", portanto, mesmo tendo a sua independência financeira, constrói uma imagem da mulher como impotente. Ela, de acordo com o enredo que construiu para si, precisa do marido para ter um filho. Para que o marido *pregue um botão nela*, ela paga todas as dívidas da casa.

O que querem as mulheres? O que quer a mulher? De Freud a Lacan, essas perguntas não cessam.

Costurando a clínica e a teoria

Discorrendo sobre as consequências psíquicas das diferenças anatômicas, Freud (1925/2011) postulou que é a partir da constatação e da aceitação da diferença entre o próprio corpo e o corpo do menino que a menina pode iniciar o desenvolvimento de sua feminilidade. Vale lembrar que, até aqui, o posicionamento freudiano propunha a existência de um único sexo; a diferença se dava entre aqueles que tinham o pênis e aqueles que não o possuíam.

Anos depois, Freud (1931/2010b), em seus textos sobre feminilidade, destaca a relação pré-edipica entre a mãe e a filha e apresenta alguns caminhos possíveis para a garota ir em direção a sua feminilidade. Segundo a teoria freudiana, a menina, ao deparar com o corpo castrado, pode seguir três caminhos. O primeiro deles era distanciar-se da vida sexual e de prazeres que entende como absolutamente masculinos de acordo com a cultura vigente, ou seja, retirar-se da vida sexual desenvolvendo o que ele chamou de uma "inibição sexual". O segundo caminho consistia em ocupar-se do complexo de Édipo, trocando o objeto de amor, que até o momento era a figura materna, para a figura paterna. Ao longo deste percurso, a menina busca construir uma equivalência simbólica de aquisições que permita receber o pênis que ela não possui. Para Freud, essa tentativa está inserida no desejo de que o pai lhe ofereça um bebê para tamponar a castração feminina. Esse desejo, que não se realiza, permanece fortemente no inconsciente, e na idade adulta, ao atingir a genitalidade, a mulher faz novas e permitidas escolhas objetais de amor que viabilizam a maternidade. No momento teórico e cultural em que Freud escreve, a gravidez era um bom prognóstico para a condição fálica da mulher – melhor ainda se a mulher desse à luz um menino. A condição castrada da mulher poderia ser resolvida com o objeto fálico do filho. O terceiro caminho proposto consistia em apropriar-se de uma masculinidade imitada, com o objetivo de negar aquela constatação da castração. Freud assinala que tais caminhos podem ser sobrepostos; cada mulher comporá o próprio percurso a partir do seu psiquismo e das conjunções culturais e familiares do entorno ao qual pertence.

O fato é que, embora a garota reconheça que não tem o pênis, não se conforma de prontidão com essa constatação. Algumas mulheres creem que somente quem possui o objeto fálico é capaz de vivenciar uma vida pulsional plena. Durante muito tempo, ela obstinadamente busca uma forma de tê-lo, para que possa também ter acesso a uma vida sexual na qual o prazer fálico possa acontecer.

A crença obstinada de Lígia e Luz na independência financeira *libertadora* está enraizada nessa busca fálica. O discurso atual sobre posição social, econômica e de consumo constrói uma narrativa em que o desejo passa a ser o dinheiro, que permite uma inserção num mundo onde não há limites. Numa perspectiva imaginária, a posse do dinheiro anula todas as diferenças entre as pessoas, oferecendo um lugar "glamouroso" de pertencimento. O outro lado desta mesma moeda, entretanto, é que, ao anular as diferenças, esse conto monetário anula também a singularidade de cada um.

Dolores parece ter deparado com a ficção construída acerca da almejada independência financeira, cujo alcance não retificou o seu olhar sobre si mesma. Sobrecai sobre ela o reflexo de sua impotência. Já sabe que não se trata de dinheiro. Provavelmente continuará a sua busca, agora com foco no bebê. Há de ter muita energia na sua empreitada. Será que terá um menino?

Flora, por sua vez, parece ter incorrido em outro caminho, e dirigiu-se à figura paterna vivenciando o complexo de Édipo. Mesmo sendo uma mulher adulta, comporta-se como uma menina. Por ora, Flora não pode florescer para outros homens que não o pai. O pai lhe dará o dinheiro, o objeto fálico e a autorização para desejar como mulher.

A relação pré-edipica com a figura materna conceituada por Freud (1933/2010a) nesse mesmo momento de sua obra é causa de uma marca identitária que a mãe, como ser castrado, impõe à filha. O primeiro objeto de amor, a mãe, é também depositária do ódio pela privação que a menina entende que sofreu. A ambivalência dessa relação é, portanto, caracterizada por ausência e presença, amor e raiva, dependência e separação. Para a menina, o fato de a mãe não ter dado a ela o pênis caracteriza uma privação de amor.

Freud, apesar de todos os esforços, em algum momento declinou o tema. É possível pensarmos que, engendrado pela própria teoria que propunha, o homem Freud, ao deparar-se com o olhar da mãe, poderia ver nela a completude que ele como filho proporcionou. Enveredado pelo véu téorico, capturado pelo olhar reflexo da mãe, teria sido difícil para Freud pensar a mulher para além da mãe.

Lacan (1972-1973/2008), por sua vez, aponta para outro caminho. Desenvolveu com precisão uma matriz de sexuação, objetivando abarcar a construção do feminino. A dinâmica que Lacan utilizou dizia mais sobre a posição ocupada de um ou outro lado da matriz que sobre a questão anatômica ou de gênero. Esse estudo lacaniano é extremante profícuo; não seria possível atravessar todo esse percurso neste trabalho. Por ora, trarei algumas importantes considerações teóricas que me ajudam a compor este pensamento.[10]

Para Lacan, há na mulher uma área sombria que está além do viés da castração. Para essa área não há um significante único que possa dar conta de explanar o que é ser mulher. Caberá a cada mulher, uma a uma, batizar a si mesma, numa oração constante de ser nomeada. Porém, Lacan afirma que a questão da feminilidade abarca não somente o processo de identificação, mas também a diferença de possibilidade de gozo, que pode ser fálico, chamado modelo masculino, ou pode ser "gozo do corpo", termo cunhado por ele para designar um tipo específico de gozo feminino.

O que seria, então, o dinheiro para Lígia, Luz, Flora e Dolores? Que tipo de gozo elas almejam ter com a independência financeira, ou, ainda, de que gozo fogem distraídas, esperando notas de real?

---

10 Lacan discorre sobre a questão da feminilidade a partir do pressuposto de diferentes formas de gozo, diferindo gozo fálico e gozo feminino, distanciando a questão do feminino do biológico e da questão edípica.

Notas de real (Real)

As relações humanas são intermediadas pelo valor do dinheiro. Adquirir, acumular, gastar, emprestar, dever, pagar, possuir são vocábulos constantes no discurso cotidiano atual. O dinheiro é o guardião dos desejos nas relações do sujeito. A relação do sujeito com o dinheiro e o intercâmbio deste com os afetos no laço social são construídos pelo imaginário desde a primeira infância, sempre por meio do discurso de linguagem vigente em cada época.

O dinheiro traz felicidade; *tempo é dinheiro*. O sujeito contemporâneo está imerso em uma cultura atravessada por uma economia neoliberal, de forma que o dinheiro enquanto signo, para esse sujeito, é engendrado pelos significantes de potência e hedonismo. Construindo uma relação imaginária com essas falácias, tanto para o homem como para a mulher, a posse do dinheiro coloca em ação a onipotência, o narcisismo e, quiçá, a própria imortalidade. Tempo e dinheiro infinitos escorrem sobre os desejos humanos.

A primeira relação de demanda de amor do bebê é estabelecida com a figura da mãe. Nesse primeiro momento da vida do bebê, a mãe é vista como um ser completo, fálico. Nada lhe falta. A partir da inserção da figura paterna no discurso da mãe, o bebê perceberá que a mãe demanda algo além dele, para um outro. A mãe é vista como castrada. Essa é uma das identificações que incorrerá na relação entre mãe e filha. O pai, por sua vez, pode ser visto como aquele que tem o falo a oferecer. Algumas mulheres atribuem ao dinheiro, portanto, o papel de significante encobridor do "buraco" que habita a mãe e elas mesmas.

Lígia, por sentir-se castrada, coloca-se num lugar de inferioridade com relação ao parceiro, pensa que se tivesse o *falo* poderia *falar* de seus desejos. Luz, por sua vez, entende que, tão logo tenha o próprio dinheiro, deixará para trás a posição de castrada;

ela passará a ter o falo. Não jogará mais buraco, não o terá mais. Flora parece demandar de seu parceiro o significante que venha tamponar a falta expressa num corpo muito feminino. Flora, sob a alusão de ser incompleta, *ratifica* a suposta potência masculina: ele é possuidor do falo que ela tanto almeja. Por ora, o pai segue como "parceiro", e Flora deleita-se no Édipo, não sem alguma dor.

Já Dolores tem um corpo que dói por saber-se incompleto mesmo tendo o dinheiro, objeto fálico em voga nos dias atuais. Faz uma aposta na concepção de um bebê. Ela desconsidera sua posição de mulher e passa a ocupar a posição de mãe.

O dinheiro que intermedia as relações obtura o lugar de castrado do homem e se apresenta para as mulheres como uma possibilidade de ter ou ser o falo, na esperança de que ela também possa superar, mesmo que momentaneamente, a sua posição de castrada. O dinheiro é, então, o objeto que permitiria o gozo fálico, o gozo masculino. O dinheiro é efêmero, volátil, fugaz. O dinheiro é morredouro e pode ser mortífero. Na constante espera de que ele ofereça o gozo fálico, o tempo paralisa, a mulher cessa. E a neurose se repete, se repete, se repete...

"Compreende-se que a persistência da demanda na mulher dificulta-lhe o acesso ao desejo" (Zalcberg, 2003, p. 58). Ocupando-se de obter o gozo fálico, aquele que subjaz o masculino que detém o falo, a mulher se afasta da angústia de fabular o que seria o gozo feminino – aquele gozo que se dá naquele lugar pele, dentro e fora, um lugar turvo de si onde seria possível o gozo do corpo. O gozo infinito, sem função, sem saber, algo parecido com uma epifania, talvez.

É para esse lugar, portanto, que a mulher demanda repetidamente um significante que a mãe não ofereceu, e nenhum outro relacionamento o fará, pois o significante do feminino não existe.

É este "mais além" que se apresenta como enigma, para o qual elas *insistentemente* demandam um substantivo.

A posse do dinheiro opera como uma função simbólica que se refere à posição outrora ocupada pelo pai. Mesmo quando a mulher ocupa este lugar "masculino", a experiência não repara a angústia feminina. Notas rasgadas tentam dar conta da angústia feminina.

Lígia, Luz, Flora e Dolores não estão sabendo lidar com o dinheiro. Parecem fazer uma confusão entre o gozo fálico e o gozo feminino. O dinheiro oferece invólucro a elas, mas as desnuda logo a seguir. A demanda de amor que essas mulheres elaboram oscila entre o significante fálico efêmero, que tem como signo o dinheiro, e a espera de algo que não virá, quer seja, a supressão da falta, do buraco, da inconsistência. É na fresta deste desencontro que a psicanálise poderá operar.

Em tempos de economia neoliberal, fica a pergunta: quantos reais são necessários para essas mulheres encobrirem a sua falta? Não tenho pretensão de fazer esse cálculo. A cultura popular, entretanto, vem corroborar o meu pensamento: no linguajar mais corriqueiro de nosso idioma, o das gírias, há uma coincidência entre o vocábulo que designa "dinheiro" (sendo a moeda o real) – "me empresta cinquenta *paus*" – e o que designa "pênis" – *pau*. Pênis, pau, objeto fálico, falo... *dinheiro*... No deslizamento da linguagem, da cultura e do inconsciente, o que emerge é a tentativa da mulher – e também do homem – de não ser castrada.

Com quantos paus se faz uma mulher?

Com nenhum, com um, ou com quantos *ela sustentar desejar.*[11]

---

11 Penso ser importante destacar um tema atemporal e sempre contemporâneo, que é a desigualdade de gênero. As cenas aqui relatadas e trazidas pela clínica estão, sem dúvida, atravessadas por essa questão. Estamos falando de relações

Referências

Buarque, C. (1979). Folhetim. In *Ópera do Malandro*. Polygram.

Freud, S. (2010a). A feminilidade. In S. Freud, *Obras completas* (vol. 18, pp. 263-293). Paulo Cesar de Souza, trad. São Paulo: Companhia das Letras. (Trabalho originalmente publicado em 1933)

Freud, S. (2010b). Sobre a sexualidade feminina. In S. Freud, *Obras completas* (vol. 18, pp. 371-398). Paulo Cesar de Souza, trad. São Paulo: Companhia das Letras. (Trabalho originalmente publicado em 1931)

Freud, S. (2011). Algumas consequências psíquicas da diferença anatômica entre os sexos. In S. Freud, *Obras completas* (vol. 16, pp. 283-299). Paulo Cesar de Souza, trad. São Paulo: Companhia das Letras. (Trabalho originalmente publicado em 1925)

Lacan, J. (2008). *O seminário, livro 20: Mais, Ainda*. Rio de Janeiro: Zahar. (Trabalho originalmente publicado em 1972)

Zalcberg, M. (2003). *A relação mãe e filha*. Rio de Janeiro: Elsevier.

---

de gênero suportadas em uma estrutura histórica de mulheres subjugadas aos desejos dos homens. Essa temática, que nos é extremante cara, permanecerá no nosso horizonte, porém não será contemplada nestas linhas. Veremos, entretanto, que mesmo em situações nas quais a almejada independência financeira existe, a mulher continua a colocar-se em uma posição de subjugação diante do homem. A temática de gênero, desse modo, parece não ser suficiente para marcar um ponto de virada nas relações entre os sexos.

PARTE 3
Equívoco

Decidiu-se pelo ato – um ato feminino?

Adriana Grosman

Decidiu-se pelo ato, quebrando com ele a repetição que se impôs por anos. Ela depara com *tiquê*,[12] um corpo encontra o outro, uma relação sexual acontece. "Foi incrível", endereça do divã à analista, logo emendando outro detalhe: "Ele cuidou para eu ter prazer", diz ela. "Como pôde isso acontecer? Pôde?", logo pergunta. Um acontecimento e uma emenda, justamente para cuidar do horror do instante de ver o ato que (a) causa.

De pronto, um paradoxo se coloca aí. Seria possível deixar cair a medida fálica do encontro com o outro sexo justamente fazendo sexo? Isso nos confunde mais do que orienta, mas como falar ou fazer falar isso que parece ser da ordem de um outro gozo, que

12 A partir da leitura do texto freudiano "Além do princípio do prazer" (Freud, 1920), Lacan (1964/1998) vai diferenciar dois modos de repetição: *tiquê* e *autômaton*. O primeiro refere-se à repetição enquanto encontro com o Real que está para além do *autômaton*, isto é, da volta comandada pelo princípio do prazer. Na origem da psicanálise, com a concepção de trauma, inscreve-se a *tiquê* como princípio, isto é, o Real "apresentado na forma do que nele há de inassimilável – na forma do trauma" (Lacan, 1964/1998, p. 57).

entra em cena (outra cena...) por um instante, misterioso, e que não tem o dom da fala?

Ao se referir a "outra cena", nos lembramos do inconsciente. Qual é a localização dele e como deixá-lo falar são questionamentos que me ocorrem. Além disso, há um corpo aparecendo: como pensá-lo quando ganha uma existência, uma presença? O que faz lembrar outro paradoxo fundamental: descobrir um corpo que já estava lá, "ex-sistente", um corpo até então desconhecido pelo sujeito que se apresenta de alguma forma por meio do ato, por isso ex-sistente, e passa a ter uma existência a partir de uma topada com o Real, que, não de maneira tranquila e cordata, aparece, dá as caras simplesmente assim.

E como saber do Real quando ele aparece e desaparece? É difícil saber dele porque, quando aparece, parece ser "por um milagre", como se refere a paciente ao ato. Tanto trabalho e nomeia seu ato de milagre? Parece milagre quando um "não querer saber" se impõe e depõe a fantasia de ser. Se é assim, como então sustentar o não sabido da coisa, do inconsciente? Nesse caso, parecia ser tudo assim, sabido. Sempre se falava do "bem",[13] como tudo corria bem, e de vez em quando reclamava da falta de sexo, dizia não poder viver a vida sem nunca mais transar. Mas logo sua fala e seu corpo se acalmavam quando se lembrava de que tudo ia "bem" no restante de sua vida, tinha tudo o que havia sonhado.

Lacan (1972-1973/2010) nos lembra que "em tudo o que diz respeito, pelo menos, ao ser falante, a realidade é assim, isto é, fantasmática" (p. 180). Uma fantasia, uma invenção do sujeito que

---

13 "Ideia de que o Bem é esse algo que faz com que todos os outros seres, menos seres do que aqueles, não possam ter outro objetivo senão o de serem o mais ser que possam ser, aí está todo o fundamento da idéia do Bem nessa Ética de Aristóteles" (Lacan, 1972-1973/2010, p. 172).

acalma a alma e parece deixá-lo contente, não fosse o incômodo provocado pelo sintoma e pela falta que o põe a falar numa análise. Uma fala para tentar acomodar o que não dá para acomodar, a eterna ambiguidade do inconsciente.

Não é simples percorrer este saber numa análise, e, mesmo quando se aproxima desse suposto inconsciente, o estranhamento que esse saber causa surpreende o sujeito, que precisa de um tempo para se virar com isso.

"O inconsciente é suposto sob o pretexto de que, no ser falante, há em algum lugar algo que sabe mais do que ele, e o que ele sabe tem limites, é claro, o ser do inconsciente. Mas, enfim, esse não é o modelo aceitável do mundo" (Lacan, 1972-1973/2010, p. 181). É difícil se virar com isso, e mais ainda quando lembramos que sabemos muito pouco do inconsciente, e que nos conhecemos desconhecendo-nos, ou seja, o sujeito se constitui justamente por esses significantes vindos do outro.

Lacan, no seminário "A identificação" (1961-1962/2003), diz: "nós, os analistas, seria preciso que soubéssemos resumir um pouquinho a questão sobre o sujeito, que o que nos adiantamos sobre o amor, é que ele é a fonte de todos os males. Isso nos faz rir!? A mínima conversa está aí para lhes demonstrar que o amor de mãe é a causa de tudo" (p. 158). Ah, esse amor! Um bom exemplo desse desconhecimento é o amor, porque mostra a confusão do sujeito com o outro; no amor, para que alguém ame é difícil não pensar que todos pelo mundo sabem o que têm a fazer, como na máxima "O Outro sabe"! Escutamos com frequência dos pacientes que bastava saber um pouco mais como agradar o outro para que a relação tivesse dado certo, frases e "saberes" muito comuns de se ouvir em análise quando se procura entender ou até aprender esse "grande saber" sobre como amar ou como fazer dar certo uma relação amorosa. Fica esquecido aí o sujeito e seu desconhecimento de si para então "saber", ou melhor, escolher o que fazer com isso.

Lacan (1972-1973/2010) brinca com as palavras alma e amor (que em francês podem ser confundidas: *âme*, alma; *aimer*, amar) e propõe a conjugação "eu *almo*", "tu *almas*", "ele *alma*" (*j'âme, tu âme, il âme*) para colocar em questão a existência da alma e se perguntar se isso não é o efeito do amor. Ele diz: "Tanto é que, efetivamente, 'a alma a(l)ma a alma', não há sexo nesta história, o sexo aí não conta" (p. 175). O sexo fica de fora no amor?

Assim, vai esclarecendo que nada mais próximo do amor que o encontro com o divino, ou "Ser Supremo", confundindo-se o bem próprio do sujeito com aquele que irradiaria o ser supremo, extensa discussão com Aristóteles. Mas é importante ressaltar que, para suportar essa relação intolerável com o ser supremo, os amigos se reconhecem e se escolhem, bem como a mulher "alma" o parceiro, procura neste o que é semelhante, se confundindo com ele até não poder mais sair desta cilada. Lacan evoca a histérica – quanto a ela "se fazer de homem", porque justamente algo lhe falta, ou ser de fato "homensexual" – para falar do impasse que consiste em se "mesmar" no outro, pois, afinal, não há necessidade de se diferenciar para ser como ele. Dessa forma, o sujeito está sempre no mesmo lugar, não se movimenta em direção àquilo que deseja, na tentativa de se acalmar e calar a questão do que ela, a mulher, sabe sobre seu próprio gozo.

No caso que citei, um barulho agitava aquele corpo sabido e logo se acalmava. A fantasia acalma a alma. Como bem diz Marisa Monte (2000): "Deixa eu pensar em você/ isso me acalma/ me acolhe a alma/ isso me ajuda a viver/ hoje contei para as paredes/ coisas do meu coração/ passeei no tempo/ caminhei nas horas/ mais do que . . .".

Esse "mais do que" ("mais um", *encore*) refere-se a todas as voltas dadas numa análise que ajudam a viver as "coisas" do coração que chamamos amor, como as voltas da fantasia, as voltas para "acalmar" a mulher, passando pela ideia de mãe "realizada", que engana. Leva um tempo para a mulher se ver não toda, não toda preenchida pela maternidade, não mais.

É muito comum encontrar mulheres que vivem na maternidade este lugar pleno e têm muita dificuldade de se separar, sair desse lugar, como se só pudessem viver um lugar fálico de prazer nessa relação. Até que despertam, como aconteceu com essa paciente ante esse ato de poder buscar o seu prazer, o outro, antes inalcançável. E ainda se surpreendeu diante do "seu ato", contando-o à analista. Uma parada nas voltas repetidas do caminho que se faz numa análise. Restava agora o incômodo que sentia em relação ao sexo, o "não saber" sobre o sexo, sempre enigmático, até o final.

O que nos leva à provocação do título – um ato feminino? Seria feminino o ato, no sentido de trazer o enigmático, uma mudança de posição, a partir do encontro com o acaso, *tiquê*?

* * *

O ato da paciente precipitou esta escrita, justamente pelo momento da surpresa causada também na analista, trazendo algo possível, um corte que rompe com um circuito de anos; uma analista que está lá, dirigindo esta análise, mas ainda assim "sem saber", para poder ser surpreendida.

Acompanhamos a partir do caso um ideal de mãe e um imaginário construído acerca do amor que caem, perdendo a sua função de preenchimento, ao longo desse tratamento de análise. E a partir daí, este corte importante se apresenta em ato, como mencionado no início desta escrita, surpreendendo e colocando esse sujeito em outro lugar. Além disso, vai ao encontro da questão que vínhamos perseguindo sobre o feminino no Grupo de Leitura: Conflito Mãe x Mulher, do Departamento de Psicanálise do Instituto Sedes Sapientiae, que desencadeou a ideia deste livro.

A questão, que retomo agora, era o quanto a única relação sexual possível parecia ser a da mãe, que ganha aqui um destaque como o encontro perfeito, tão romantizado na contemporaneidade, e o quanto essa ideia se distancia do feminino.

Parece uma forma adequada para se referir ao ser o parecer, escolhida a dedo por Lacan para mostrar os equívocos da linguagem: "a linguagem em seu efeito de significado, justamente ela nunca está senão deslocada do significante. Assim do ser, nós não temos nada, nunca" (Lacan, 1972-1973/2010, p. 115). É sempre do parecer – e não do ser – que se trata. E continua:

> *O ser que se apresenta, nunca se apresenta senão como parecer (enfatizando-se a sonoridade "ser" contida nessa palavra), de estar deslocado, de ser para, no que se refere a essa relação sexual, da qual está claro que, em tudo o que se aproxima dela, a linguagem só se manifesta em sua insuficiência. É bem em relação a esse "pare-ser", que o que faz suplência a essa relação, enquanto inexistente, é bem nessa relação ao "pare-ser" que devemos articular o que aí faz suplência, ou seja, precisamente, o amor. (Lacan 1972-1973/2010, p. 116)*

É interessante voltar à questão do amor, que nos confunde, pois a linguagem como "saberes", a partir da ideia do Um, se impõe sobre o sentido da miragem do Um que se acredita ser, sobre a procura de se completar no outro, ilustrada pela conhecida expressão: "a busca pela cara metade". "Este sentido que o fio do discurso analítico tenta romper de novo, a todo custo, para produzir a falha, a descontinuidade que nos sugere ver na língua" (Lacan, 1972-1973/2010, p. 114).

A ideia do amor está sempre misturada com a ideia de um encontro fusional em que as partes se juntam e se completam, realmente uma maneira grosseira de ver, mas muito empregada e recheada por outros "saberes" que dão a esse termo um lugar equivocado de possibilidade de completude.

Lacan parte de Freud para falar da função do amor narcísico, a relação com o Um: como poderia haver amor por um outro? Como deixar de amar o mesmo, esse "um" que se acredita ser, eis a questão neurótica por excelência. Pode-se ficar vidrado na imagem, admirando-se no espelho do olhar, também e especialmente na maternidade, querendo ser tudo para o outro, ou tomando o outro para si, sem descontinuidade. Dessa forma, a maternidade pode ocupar muito a mulher, deixando-a presa a essa imagem toda, miragem do Um, acreditando-se ser a tal para alguém.

Cada experiência erógena vivida deixa marcas: são letras, pontos de marcação, que estão aí para serem lidas a partir de um endereçamento para uma análise, a partir de uma mudança. Um novo encontro com a linguagem que vai reconhecendo o que está escrito nela, nessa linguagem que já estava lá, por incrível que pareça, de onde nós, analistas, podemos ler o que é mais próximo do lapso, até que apareça o ato. Desfazendo-se o sentido e deixando aparecer o equívoco, próprio de seres de linguagem.

O encontro sexual como ato foi uma leitura, e agora uma escrita do recorte de um caso, a partir do momento que o sujeito se esvaziou de seu conhecimento prévio sobre o amor para simplesmente estar lá, naquele instante, onde não era de ser para o outro que se tratava.

Foi um instante, tempo em que algo mudou naquela história que estava sendo contada da mesma forma por tanto tempo, um encontro com uma diferença que abre espaço para o feminino, continente negro, misterioso, contingente e – por que não? – cheio de graça.

Referências

Lacan J. (1998). *O seminário, livro 11: Os quatros conceitos fundamentais da psicanálise*. 2. ed. Rio de Janeiro: Zahar. (Trabalho originalmente publicado em 1964)

Lacan J. (2003). *O seminário A identificação*. Ivan Corrêa e Marcos Bagno, trad. Recife: Centro de Estudos Freudianos do Recife. (Publicação interna da Associação Freudiana Internacional). (Trabalho originalmente publicado em 1961-1962)

Lacan, J. (2010). *O Seminário 20: Encore*. Rio de Janeiro: Escola Letra Freudiana. (Publicação interna). (Trabalho originalmente publicado em 1972-1973)

Monte, M. (2000). Amor I love you. In *Memórias, crônicas e declarações de amor*. Rio de Janeiro: Phonomotor Records.

Não é não: feminino e final de análise

Malu Pessoa Loeb

Tudo que é demais sobra.
Exú, provérbio Iorubá

Nós herdamos as mitocôndrias apenas de nossas mães, pelas quais nos são transmitidas. Logo, podemos rastrear a origem humana milhões de anos atrás. A principal função da mitocôndria é fornecer energia para as células. O significante materno está posto aí para além e aquém da psicanálise. A mãe existe.

Já o aforismo proposto por Lacan (1966-1973/2001, 1975/2008) é que "A mulher não existe". O que está em jogo é um corpo psíquico e de linguagem, de sexualidade humana, e não mais apenas o real da biologia. O significante mulher existe, mas A mulher como um regulador universal axiomático que funda o inconsciente, não, não existe. O axioma que funda e inaugura o sujeito é o falo, a premissa fálica. E é aí mesmo que a psicanálise revoluciona as ciências humanas, indo além do indivíduo.

O aforismo que segue de imediato e como consequência de "A mulher não existe" (Lacan, 1973, p. 536) é "Não há relação sexual" (Lacan, 1973, p. 539). Lacan basicamente explicita que somos seres de linguagem, aparelhos de gozo, falantes e castrados, mas não só. Se o que funda o inconsciente é o falo, está posto um mesmo para ambos os sexos, homens e mulheres. "Não há relação sexual" significa que este encontro escapa a qualquer inscrição no sistema de representações. Há sempre uma inadequação. O que fará suplência é o amor. Se essa conta fechasse, um mais um (outro sexo) daria um, e Tirésias não teria sido cegado por revelar que a mulher é infinitamente mais capaz de gozar. Jocosidades à parte, esses dois aforismas são operadores centrais na escuta e no manejo clínico (Lacan, 1975/2008).

Freud inventa o inconsciente, o constrói e fundamenta epistemologicamente, o põe para funcionar na clínica. Da mesma forma, define o caráter sexual da libido, diz que ela é essencialmente masculina e se organiza pela primazia do falo. O inconsciente não é o negativo da consciência. Lacan, na mesma lógica, postula que o feminino não é o negativo do mundo fálico, é uma posição para além do falo disponível para qualquer sujeito/ser, homens/mulheres. Obviamente, o feminino proposto por Lacan não tem o mesmo caráter fundante para a psicanálise como o conceito inconsciente, mas os conceitos de gozo fálico e gozo feminino, o verdadeiro gozo segundo Miller (2014), são operadores fundamentais para a clínica lacaniana e, por consequência, ampliam o saber sobre o inconsciente e o fazer clínico.

É em torno destes eixos, feminino, falo e gozo, que pretendo explicitar a importância do conceito de *feminino* como um dos operadores clínicos potentes para a condução ao final de análise. Sim, porque análise termina: "Não tenho como afirmar que análise como tal seja um trabalho sem conclusão" (Freud, 1937/1986c, p. 245 , trad. minha).

Nos textos de Freud "A feminilidade" (1933/1986b), e "Sobre a sexualidade feminina" (1931/1986a), os termos mãe, mulher e feminino se encontram vinculados, mesclados numa ciranda que muitas vezes incorre na superposição de significantes que são distintos. Terminologias e conceitos como Édipo, castração, genitalidade aparecem numa trama em que mulher, mãe e feminino seriam da mesma ordem, colocando-os em série e submetidos apenas à lógica fálica.

Lacan desmescla os significantes mãe, mulher e feminino, e mais, amplia-os a ponto de dizer que o feminino é um lugar possível para homens e mulheres e que, ao mesmo tempo, não está garantido para nenhum destes. Masculino e feminino são posições, e homens e mulheres podem se identificar de um lado ou de outro. A posição feminina se caracteriza por um além da função falo. Estamos todos, enquanto sujeitos, submetidos à primazia fálica, mas não só. Para se aceder a este lugar além, tem-se de consentir, isso se dá sob transferência – do latim clássico *consentire*, "estar de acordo". Freud diria nos seguintes termos: ir além da rocha da castração.

Corpo

Antes de sermos sujeitos somos puro corpo. A palavra cortará e separará o corpo da carne. O corpo do infante inicialmente é puro pedaço de carne, nomeação crua e eficaz de Lacan. Uma vez violentado pela linguagem, traumatizado, este puro corpo real passa a ser erogenizado, e um mapa de suas pulsões e suas vicissitudes será continuamente cartografado. As fixações pulsionais vão constituindo as bordas erógenas. Lembremos o fundamental: pulsão é conceito fronteiriço entre o biológico e o psíquico. No inconsciente não há pulsões, há representantes pulsionais.

É justamente quando Freud esclarece que as representações são representantes de moções pulsionais que diz também que o real está contido aí. A memória é sistema de representações de coisa – palavra passíveis de intercâmbios e apagamentos. Mas o Real, o isso, não pode ser gravado, nem com todos os meios artísticos de representação. O falo entra aí, faz a diferença entre o sistema de representações e o real. Portanto, a relação do sujeito com aquilo que faz a diferença é viva, ela se faz sempre, num contínuo.

O corpo erogenizado e sua relação com a falta selará o destino do sujeito, e não mais a ideia freudiana de que o destino final é a genitalidade. A lei produz a falta; o efeito da falta é o desejo. Cada sujeito do inconsciente e sua relação com o falo definirá seu sexo, seu lugar como sujeito, sua fantasia, seu saber e seu modo próprio de gozo. É a relação de significantes que constrói um saber, e o significante representa o sujeito para outro significante. "O falo não é nem significante nem objeto, é ao mesmo tempo significante e objeto, e não é nada disso. É uma função" (Leclaire, 1996/2001, p. 46). Mas não só.

Portanto, a relação entre os sexos só pode ser pensada relativamente ao falo, que não pertence nem ao homem nem à mulher; não há relações sexuais, e sim relações de falo. Segundo Lacan, a mulher estaria mais apta à possibilidade de escapar deste mundo fixo de representações, deste falocentrismo. Na máxima lacaniana: em relação ao falo, a mulher é sem tê-lo e o homem tem sem sê-lo. Assim, a mulher *não toda* é toda submetida ao falo. Mas sua relação não é rígida, pode se libertar num mais além do falo. E o homem também tem todas as condições de aceder ao feminino.

Mas por que toda esta digressão epistemológica? Porque se faz necessário dizer que Lacan vai além do mestre no que tange compreender o inconsciente apenas numa perspectiva de linguagem, simbólica. Pela via do significante, da lógica e da clínica dos nós,

Lacan inclui tudo o que não pode ser dito, tudo o que não pode ser escrito, tudo o que não cessa de não se inscrever: o mais *extimo* do Isso do inconsciente, o Real. Há o inconsciente do recalcado, aquele do simbólico, e o inconsciente do foracluído, aquele do Real. Assim, passa a compreender o inconsciente como aparelho de gozo. O Gozo feminino, que Lacan formula a partir do Seminário 18 (1971/2009), mais explicitamente no Seminário 20 (1972/2012), é o divisor de águas na clínica lacaniana. É um gozo opaco, mais além do gozo fálico. Vale ressaltar que Lacan (1969-1970/1992), já no seminário "O avesso da psicanálise", anunciava a queda do patriarcado, a dimensão gozo além do pai.

Pensando alto: a ideia aqui não é estabelecer um embate entre dois eruditos (Freud e Lacan), e sim pegar o melhor dos dois a fim de explicitar a potência de cada conceito, colocando para operar a epistemologia na clínica contemporânea. Afinal, o conceito só pulsa na clínica.

Gozo

Retomando Freud: com toda a sua genialidade, ele já definia que somos todos bissexuais, revelando, em plena época vitoriana, que o biológico não define nossas escolhas objetais nem nossas identificações. Assim, não nascemos homens ou mulheres – viramos homens ou mulheres. Trata-se de uma construção.

Nas palavras de Freud, "temos aprendido que todos os seres humanos são bissexuais neste sentido; que distribuem sua libido, de maneira manifesta ou latente, entre objetos de ambos os sexos" (Freud, 1937/1986c, p. 245).

O mesmo Freud já afirmara no texto "A feminilidade" (1933/1986b), que as proporções de feminino e masculino se misturam em cada ser e que, portanto, só a anatomia não dá conta de apreender o que define um homem ou uma mulher.

Na mesma toada, Lacan nos diz que o que nos define como sujeito são nossas posições de gozo, singulares de cada um. É pela lógica, pelas fórmulas de sexuação, que Lacan nos transmite que cada sujeito vai tornar-se homem, mulher, trans...[14] O ser só se torna sujeito sexuado quando o vazio é instaurado, e esse vazio só se instaura com a castração. Vazio que indica um vir-a-ser.

Lacan, com o conceito de Gozo, dá mais complexidade ao conceito freudiano de pulsão, segundo o texto de Carlos Augusto Nicéas: "Produzindo o conceito de Gozo, Lacan amarrou os dois últimos tipos de pulsão, designados por Freud em oposição, num único nó de satisfação e dor, num único nó de satisfação e mal-estar, e os inscreveu na dimensão de uma antinomia interna" (Nicéas, 2013, p. 32).

O próprio Lacan, dentro do seu ensino, se dá conta de que a linguagem não pode dizer tudo. Há sempre um resto. A linguagem não explica o que é da ordem do gozo, que não se adequa ao princípio de prazer. Há aí um enigma, um paradoxo. A psicanálise fica então circunscrita pelo desejo e pelo Gozo, numa mescla dramática entre vida e morte.

Clínica e final de análise

Bom, o que fazemos com tudo isso na clínica? Fazemos clínica lacaniana! Fazemos operar o discurso psicanalítico, uma vez que, como afirma Lacan no Seminário 18 (1971/2009), apesar de todo

---

14 Três pontinhos aqui em negrito, reticências, fazendo alusão ao Seminário 19 (1972/2012), "...ou pior", que Lacan inicia nos dizendo que esses pontinhos fazem referência ao espaço vazio.

discurso ser um discurso de semblante, o psicanalítico seria o único passível de tanger o Real do inconsciente. E para que serve tanger o Real? Se na clínica tratamos os sintomas única e exclusivamente pela via simbólica, lhes daremos mais alimento para se constituir, porque sintoma ama sentido. Sintoma é uma formação de compromisso, é uma "explicação" defensiva frente à invasão do desejo que vem do inconsciente.

A clínica lacaniana direciona a escuta e o manejo necessários para se fazer tanto a construção da fantasia como o atravessamento desta. Um clínico não pode se basear apenas numa teoria *a priori*; a escuta singular se faz a cada encontro.

Temos de escutar e pescar a letra em torno da qual cada discurso se ordena, e com isso começar a fazer furo, desconstruindo a lógica neurótica que faz uma versão tacanha e limitada de si como sujeito. Trocando em miúdos: é a letra que faz litoral entre saber e Gozo. É pela letra que se decifra o gozo. A letra faz báscula entre o saber e o gozo.

Quando, por exemplo, escuto um analisante dizer que a sua empresa de paisagismo se chamará Verdedentro, sendo esse neologismo quase um chiste, como analista tenho apenas de deixar pulsar. Qualquer interpretação seria como explicar a piada. Silenciar é sustentar ativamente na transferência a nova posição do analisante. O manejo indica uma posição feminina do analista.

Tomemos ainda um relato de sonho: "Estou em um carro e quem dirige é uma mulher. De trás eu canto, olhe para mim, eu preciso do seu olhar". O chiste do sonho é tão intenso que o sonhador acorda com sua própria gargalhada. Há gozo e gozação. O chiste restitui o gozo, a demanda essencialmente insatisfeita: "me olhe". A letra da música é pura ironia de si, porque, em uma cajadada só, diz da demanda do sujeito e da pulsão que lhe diz respeito.

Parece-me que o humor, em toda sua forma irruptiva, está mais a serviço do feminino que da lógica fálica.

Sempre que o sujeito se lança ao gozo, mais adiante tropeça nesta fratura íntima da sua própria imagem especular. Esta é a armadilha à qual o Ser está condenado: ser sujeito fraturado. Somos catapultados na angústia, seja ela pela via do desejo, castração, seja pela via do Gozo, angústia de aniquilamento.

O sujeito neurótico insiste na crença de que vai realizar o desejo, sempre infantil e incestuoso. O que não quer saber é que desejo não se realiza, apenas se satisfaz com objetos contingentes, pois o objeto *a* (*Das Ding*) está perdido para sempre. E é graças a essa perda fundamental que se inaugura o sujeito. Deixa de Ser para se *a*-sujeitar. Suportar as diferenças nos encontros é ter de aceitar, antes de mais nada, a condição de perda e incompletude. "A rachadura que resulta disso na imagem especular vem a ser, propriamente, o que dá respaldo e material à articulação significante, que no outro plano, simbólico, chamamos de castração" (Lacan, 1962-1963/2005, p. 19).

Não há análise sem que se produza equívoco no sujeito, furos no que até então era tomado como pleno de verdade e certeza. Uma análise que se encarregue do sintoma metafórico e do sinthoma da letra, portanto, uma direção do tratamento que dê lugar para o enigma e faça o sujeito interrogar o que acontece em seu corpo. Perseguir um efeito de nomeação, e não mais apenas de significação. Dar lugar aos sintomas contemporâneos onde o nome do pai falha. Em análise, nem sempre o não é não, pode ser sim, ambivalente, e tudo que sobra, resta, é incluído como inevitável. Parece-me que não se chega a um final de análise sem o analista ter isto em mente: poder bordear o gozo sem deixar o sujeito à mercê do excesso, do desmedido. Ir ao encontro de um significante sozinho, afastado do Outro, que não articula com nada e que se sabe por um efeito de corpo. Um real cifrado.

Quando, ao final de análise, nos desprendemos do pêndulo ter/ser falo e incluímos tudo que escapa de estar incluso, pouco importa se somos homens ou mulheres, passamos a ser humanos. "Saímos da miséria neurótica e adentramos na miséria humana" foi o que ouvi ao final de minha análise.

Referências

Badiou, A., & Cossin, B. (2013). *Não há relação sexual: duas lições sobre "o aturdito" de Lacan*. Rio de Janeiro: Zahar. (Trabalho originalmente publicado em 2010)

Freud, S. (1986a). *Sobre la sexualidad femenina*. Buenos Aires: Amorrortu. (Trabalho originalmente publicado em 1931)

Freud, S. (1986b). *33 conferencia: La feminilidad*. Buenos Aires: Amorrortu. (Trabalho originalmente publicado em 1933)

Freud, S. (1986c). *Análisis terminable e interminable*. Buenos Aires: Amorrortu. (Trabalho originalmente publicado em 1937)

Lacan, J. (1973). *Televisão*. Rio de Janeiro: Zahar.

Lacan, J. (1992). *O Seminário, livro 17: o avesso da psicanálise*. Rio de Janeiro: Zahar. (Trabalho originalmente publicado em 1969-1970)

Lacan, J. (2001). *Outros escritos*. Rio de Janeiro: Zahar. (Trabalhos originalmente publicados entre 1966-1973)

Lacan, J. (2005). *O Seminário, livro 10: A angústia*. Rio de Janeiro: Zahar. (Trabalho originalmente publicado em 1962-1963)

Lacan, J. (2008). *O Seminário, livro 20: Mais, Ainda*. Rio de Janeiro: Zahar. (Trabalho originalmente publicado em 1975)

Lacan, J. (2009). *O Seminário, livro 18: De um discurso que não fosse semblante*. Rio de Janeiro: Zahar (Trabalho originalmente publicado em 1971)

Lacan, J. (2012). *O Seminário, livro 19: ...ou pior*. Rio de Janeiro: Zahar (Trabalho originalmente publicado em 1972)

Leclaire, S. (2001). Fazer a diferença. In S. Leclaire, *Escritos clínicos* (pp. 37-43). Rio de Janeiro: Zahar. (Trabalho originalmente publicado em 1996)

Miller, J. A. (2014). *El ultimíssimo Lacan*. Buenos Aires: Paidós.

Miller, J. A. (2017). *Extimidad*. Buenos Aires: Paidós. (Trabalho originalmente publicado em 2010)

Nicéas, C. A. (2013). *Introdução ao narcisismo: O amor de si*. Rio de Janeiro: Civilização Brasileira.

Sobre a série de mulheres de uma família

Breno Herman Sniker

A pergunta

Certa vez fui questionado por uma paciente – leitora de Freud, embora não tivesse por ofício a psicanálise – sobre a direção dada por Freud às análises de mulheres. A pergunta possuía nuances importantes. O que ela me perguntava era também: "para resolver minhas questões tenho de me casar? Ser mãe? Existe alguma outra possibilidade que não esta heteronormativa? Algo mudou desde os 'Três ensaios para a teoria da sexualidade' e do texto 'Sobre a sexualidade feminina'? Você concorda com Freud?".

É claro que, nessa pergunta, está presente a dialética entre resistência e transferência, além de questões singulares da paciente e outros endereçamentos da direção da análise dela. Há também, contudo, questionamentos sobre a ética da psicanálise: como a psicanálise acolhe as diferenças? Como responde a elas? Como as ajuda na complexa equação entre corpo e linguagem?

Repetição

É preciso dizer que Freud, embora avance a questão da sexualidade, ainda fica distante de uma construção sobre a sexualidade feminina que minimamente permita uma saída para além de uma conformação ao modelo de mulher proposto em seu tempo. Numa visita rápida aos textos freudianos "Algumas consequências psíquicas da distinção anatômica entre os sexos" (1924/1980) e "Sobre a sexualidade feminina" (1931/1972), encontraremos os vestígios da busca de Freud por uma definição sobre que é a "posição feminina" e como ela se relaciona com a posição masculina.

Freud, na tentativa de contornar a construção da sexualidade feminina, propõe duas modificações teóricas ao que havia postulado anteriormente: primeiro, "dar ao complexo de Édipo um conteúdo mais amplo, o de que ele abrange todas as relações da criança com ambos os pais" (Freud, 1931/1972, p. 287); e, segundo, abandonar "todas as expectativas de um paralelismo claro entre o desenvolvimento masculino e o feminino" (Freud, 1931/1972, p. 287). A proposta de Freud soa audaciosa: pensar o complexo de Édipo não como uma relação com a mãe, mas com os pais, e pensar que a incidência do complexo de Édipo na menina não é apenas uma variante do complexo de Édipo no menino - isto é, enquanto o menino rivaliza com o pai numa disputa pela mãe, a menina rivalizaria com a mãe numa disputa pelo pai.

A audácia freudiana, entretanto, soçobra numa leitura normativa da feminilidade: "A preferência da menina pela brincadeira com boneca, em oposição ao menino, é compreendida como o sinal da feminilidade precocemente desperta" (Freud, 1931/1972, p. 300). O apego freudiano à ideia de que "a psicanálise nos ensina a conceber uma única libido que, por sua vez, conhece metas, portanto, modos de satisfação, ativos e passivos" (Freud, 1931/1972,

p. 304), leva invariavelmente à montagem masculino/ativo e feminino/passivo. Ao considerar o complexo de Édipo como único modelo de constituição subjetiva, Freud limita excessivamente as possibilidades de pensá-la para além da dualidade mulher/histérica/passiva e homem/neurótico obsessivo/ativo.

Poesia

A crítica lacaniana ao complexo de Édipo é sutil e se faz a partir dos anos 1970, quando Lacan adiciona a função e o campo da fala à ordem dos discursos. A ordem dos discursos recoloca a questão da inscrição da linguagem no corpo. Como o corpo é ordenado pela linguagem? Como a linguagem atinge os corpos? E em que isso nos ajuda a responder aos nossos pacientes?

A linguagem opera de maneira diferente da lógica dos corpos. Enquanto a linguagem é descontínua e permite cortes e separações, os corpos são contínuos e produtores de indistinções. O encontro da linguagem com o corpo nem sempre é feliz e produtivo, já que, por vezes, a linguagem tenta uma violenta conformação do corpo aos seus domínios. Nomeamos nossos corpos, nossas formas de usá-los, na fé de que essa nomeação encerre as descontinuidades e as indistinções, porém o corpo resiste e produz toda sorte de manifestações. Se, por um lado, precisamos do domínio da linguagem para nomear o corpo e permitir algum tipo de inserção geral no mundo, por outro, é preciso reconhecer a dimensão disruptiva que os corpos possuem.

Essas manifestações, quando não devidamente equacionadas, ficam se repetindo, girando, produzindo não somente mal-estar, mas também sofrimento. A falha freudiana foi não conseguir equacionar o caráter enigmático e não completo da relação entre a linguagem e os corpos para além da distinção anatômica.

Nossa tradição ocidental fez um esforço muito grande para privilegiar a linguagem em detrimento dos corpos, bem como a distinção em detrimento do ambíguo, o homem em detrimento da mulher, o sentido em detrimento do vazio. Essa subjetividade falocêntrica e cheia de sentido não é capaz de criar um equacionamento das sexualidades para além do já mencionado par mulher/histérica/passiva e homem/neurótico obsessivo/ativo.

Para Lacan (1977),

> *a maneira pela qual o poeta pode realizar essa proeza de fazer com que um sentido esteja ausente é, sem dúvida, substituindo esse sentido ausente pelo que eu chamei de significação. A significação não é de forma alguma o que o povo crê, se posso dizer; a significação é uma palavra vazia. (p. 115)*

A aposta de Lacan é fazer operar a função poética da linguagem, não em um inflacionamento descritivo que enfim definiria e ordenaria de forma definitiva os corpos e os prazeres, mas esvaziando e enfraquecendo as dualidades para que novas respostas não seriadas possam surgir – o vazio não somente na sua forma de horror, mas também na sua potência de criação.

A mulher e a série

A pergunta da paciente remete, no contexto de sua história, à complexa relação com figuras parentais e com as mulheres de sua família, produzidas numa seriação patriarcal, submissas, sem um desejo marcado e subalternas ao mundo masculino.

A seriação produzida nesse caso é basicamente "mulher, submissa, mãe, dependente de um homem nomeante". A existência da paciente enquanto mulher depende da relação que estabelecerá com um homem, ou mesmo da sua relação com a maternidade. A anatomia determinaria para ela um lugar no mundo, uma forma de ser e de experimentar seu próprio corpo.

A pergunta da paciente é precisa não só por sua importância para o campo da ética da psicanálise, mas por coadunar-se a uma pergunta sobre o devir de sua produção sintomática. Pode a psicanálise operar para além e para aquém das construções normativas da civilização? Pode a paciente ser mulher além e aquém da série das mulheres de sua família?

Essa análise progrediu até uma pergunta sobre a série das mulheres: "como ser mulher sem ser uma mulher de minha família?". A enunciação dessa questão abre o vazio necessário para inventar uma mulher que não esteja na série das mulheres de sua família e que, ao mesmo tempo, participe da significação "mulher". Esse esvaziamento permite à paciente um lugar de onde possa inventar novos predicados, sem que seja definida por nenhum deles.

O esvaziamento do caráter imperativo do "ser uma mulher de minha família" permite a abertura de uma significação vazia de "mulher". Tal abertura permite novos ordenamentos de linguagem não ortopédicos, não dominantes, uma substituição da ordem "mulher da família", "mulher de um homem" por "mulher...", que permite ao vazio aparecer, girar, produzir.

Referências

Freud, S. (1972). Sexualidade feminina. In S. Freud, *Edição standard brasileira das obras psicológicas completas de Sigmund*

Freud (vol. XXI). Jayme Salomão, trad. Rio de Janeiro: Imago. (Trabalho originalmente publicado em 1931)

Freud, S. (1980). Algumas consequências psíquicas da distinção anatômica entre os sexos. In S. Freud, *Edição standard brasileira das obras psicológicas completas de Sigmund Freud* (vol. XII). Jayme Salomão, trad. Rio de Janeiro: Imago. (Trabalho originalmente publicado em 1924)

Lacan, J. (1977). *L'insu que sait de l'une bévue s'aile à mourre*. Seminário XXIV. São Paulo: Heresia. (Aula de 15 de março de 1977).

Conflito entre mãe e mulher

Daniela Escobari

Não se ouvia mais o violão. Desde a morte de seu marido, Afonso, Clotilde não cantava mais. Casou, mudou e não deixou endereço, como dizem. Levou os filhos para a Bahia e, com seu novo marido, quis recomeçar a vida. Os filhos eram constante fonte de problema e a maternidade, uma loteria na qual não tinha sido sorteada, apesar de descrever-se como excelente mãe. No entanto, apesar dos esforços, os filhos acabavam por perturbar a harmonia familiar. O que aconteceu com a mãe a partir da morte de seu marido? Há, nesta vinheta, uma trombada com o real a partir da morte do marido e uma angústia que advém do papel da maternidade. Tomo esta narrativa, que é somente uma entre tantas outras na clínica, para falar de alguns dos impasses da feminilidade para uma mulher em relação ao desejo e a suas representações.

O dito instinto materno não é intrínseco à mulher. Para Elizabeth Badinter (1985), que estuda o mito do amor materno, esse amor não é inato ou instintual, porque a mulher é um ser de desejo, inserida num campo simbólico e cultural. A filósofa se utiliza de documentos históricos do século XVIII para descrever o costume então vigente de as mães entregarem seus bebês a amas de leite, para os primeiros cuidados de seus filhos, e a negligência sofrida por muitas crianças por parte dessas amas de leite, com a anuência de suas mães.

> *Não encontramos nenhuma conduta universal e necessária da mãe. Ao contrário, constatamos a extrema variabilidade de seus sentimentos, segundo sua cultura, ambições ou frustrações. Como, então, não chegar à conclusão, mesmo que ela pareça cruel, de que o amor materno é apenas um sentimento e, como tal, essencialmente contingente? Esse sentimento pode existir ou não existir; ser e desaparecer. Mostrar-se forte ou frágil. Preferir um filho ou entregar-se a todos. Tudo depende da mãe, de sua história e da História. Não, não há uma lei universal nessa matéria, que escapa ao determinismo natural. O amor materno não é inerente às mulheres. É "adicional". (Badinter, 1985, p. 365)*

Em Freud, o destino da feminilidade da mulher era ser mãe. É a partir de Lacan que se torna possível desnaturalizar a maternidade e tratá-la como um entre outros objetos que entrarão no lugar do significante da falta.

A dor de Clotilde é incomensurável. Ao perder o seu amor, ela calou-se e não pôde mais ser música. Nem ela, nem ninguém. Sem Afonso, o mundo inteiro deveria calar-se. Ela se fecha em seu mundo com seu novo marido, e, ao cessar a música para a mãe, a dança da maternidade com os filhos se interrompe. O lugar dos filhos fica sendo a tumba, junto com o pai.

A criança que sobra da relação anterior pode ser insuportável para quem sobrevive. Como não haver anuência do padrasto neste assassinato se o apagamento do passado pode ser interpretado como uma oferta de amor, dentro da lógica de que, se o morto não existe, nunca existiu, e nem os seus frutos, aqui somos somente eu e você?

Diana e Mário Corso escreveram sobre o famoso casal Nardoni, pai e madrasta acusados de matar a filha. Eles nos lembram que, para alguns casais, o filho é um zumbi, um morto-vivo que ameaça devorar sua fantasia de começar de novo, de zerar a vida num novo idílio com outra mulher ou marido, ou que corrói sua pretensa liberdade pelo simples fato de existir.

Aqui recorro à tragédia grega de Medeia, escrita por Eurípides em 431 a.C. Na peça, diz Medeia: "ó malditos filhos de hedionda mãe, pereçam com o pai e desapareça toda a casa" (Eurípides, 1991, p. 112). Aqui podemos observar, a partir de Medeia, esse movimento que chamo de assassinar o morto, uma vez que, ao assassinar os filhos, ela tenta se desfazer de qualquer traço significante que o morto tenha deixado.

Medeia parte do pressuposto de que, se esse homem a completava como mulher, é porque tinha esta completude. Por isso, ao matar os filhos, Medeia resolve que Jasão não ficaria com a completude que provavelmente lhe atribuía. Nesse sentido, Medeia não pôde renunciar a ser A rainha, ou quem sabe A mulher, como nos diria Lacan. Cito outra frase de Medeia: "Meu grande pecado, eu o cometi no dia em que deixei a casa paterna, confiando nas palavras de um grego" (Eurípides, 1991, p. 169). Sim, Medeia abandona sua pátria, mata seu irmão e se torna uma estrangeira. Ela perde tudo.

Medeia oferece-se, assim, destituída de qualquer significante paterno ou herança de sua vida prévia. Nesse sentido, estaria a tragédia metaforizando a condição feminina de ausência de significantes que deem conta da existência da mulher? Sabemos o desafio de cada mulher, que terá de construir sua própria história, de se inventar, sempre uma a uma... Ou estaria Medeia, talvez, ofertando a si mesma em sua falta-a-ser para ser completada pelo e por meio do amor? Será por isso que Medeia se autointitula hedionda mãe? É possível que, ao chamar-se de hedionda, Medeia esteja referindo-se ao despedaçamento do seu ser experienciado pela perda do amor?

Essa saída psíquica estaria bastante em linha com o que nos diz Lacan: "nas concessões que faz a um homem a mulher cede em seu corpo, sua alma e em seus bens" (Lacan, 1973, p. 538). De qualquer forma, a heroína da tragédia já inicia sua vida com Jasão pelo viés de uma reinvenção de si mesma, em condição de absoluto empobrecimento. Ela perde tudo, e ele passa a ser tudo para ela. O amor de um homem bastou a Medeia, mas o amor a uma mulher não bastou a Jasão. Ele foi leal não a ela, mas a objetos que iam para além de seu acordo amoroso, como o poder de governar que adquiriria ao repudiar Medeia e casar-se com a filha de Creonte, rei de Corinto.

O caso clínico e a peça de Medeia vão ao encontro do que desde Lacan nos foi enunciado: que estamos lidando com a posição do sujeito em relação ao significante maternidade. Ainda, sabemos com a psicanálise que a castração, do ponto de vista simbólico, trata de uma lei ética, o que significa que um símbolo na cadeia pode ser substituído por outro. A castração simbólica interdita o incesto e, por isso, possibilita uma série de outras coisas. O objeto amado neste caso não precisaria ser absoluto, aquele que vem tamponar a falta. No entanto, como o objeto, sob a égide da demanda, é um emblema fálico, uma extensão, um apêndice do corpo, ao ocorrer uma perda, esta adquire características de falta no corpo: o pênis, os dentes, o marido, o filho.

Quando essa falha simbólica ocorre, a mãe é somente imaginária e o filho, um pedaço de seu corpo, portanto, não há mais mãe. São significantes na cultura que, ao não serem sustentados, mandam o ser humano de volta ao mundo natural. O amor aqui, sob o signo da demanda, exige completude e, portanto, gozo. Medeia sente que, ao ter abandonado seu passado e junto a Jasão, foi como se tivesse dado toda a sua vida por esse homem. A mesma leitura pode ser feita em casos em que o signo para a mulher é "ser a mulher de um homem". Nessa equação, aquele que dá tudo por amor pode cobrar tudo por amor. Inclusive a vida. Na cultura, exemplos não faltam a estampar as páginas dos jornais – dos anônimos aos mais ilustres, como Doca Street, Pimenta Neves, Anna Kariênina. Aqui, matar, matar-se, matar os filhos se equivalem no objetivo de causar dor, acusar, se vingar do outro, eliminar o outro que deixou um buraco, uma falta não simbolizada.

Em seu livro *Maneiras trágicas de matar uma mulher* (1985), Nicole Loraux nos fala sobre o imaginário na Grécia antiga, onde a protagonista da tragédia *As suplicantes*, de Eurípides, Evadne, se lança à pira na qual foi queimado seu marido Canapeu, para com ele morrer. Evadne diz: "misturarei meu corpo ao de meu marido na chama ardente, repousando unida a ele, carne contra carne" (Lourax, 1985).

Ainda, gostaria de propor uma visita a mais um mito, este fundamental para a psicanálise, o de Édipo. No mito, Jocasta se enforca quando Édipo descobre o segredo sobre sua própria origem, segredo este que dizia respeito à própria maternidade de Jocasta. Freud se refere a Jocasta como a mãe-esposa atingida pela cegueira, mas poderíamos dizer aqui que Jocasta é a mãe da denegação, aquela que não quer saber. É interessante notar, então, nessa versão do mito, a ênfase na figura de Jocasta em sua vertente mulher, ou A mulher, como Medeia, para a qual não há deslizamento do significante mulher para o significante mãe.

Em *As Erínias de uma mãe* (1988), Conrad Stein se pergunta: "Como Jocasta não pôde reconhecer as cicatrizes nos pés feridos de Édipo? Irreconhecimento de signos que deveriam ter saltado aos olhos... a ignorância atribuída a esta mulher se nos apresenta como máscara do seu poder de não se render à evidência" (p. 15). Penso que, ao não reconhecer os pés feridos de Édipo, Jocasta evita ter de reconhecer sua cumplicidade com o marido na tentativa de assassinar o próprio filho quando bebê. É como se a tragédia nos contasse incessantemente sobre algo impossível de se inscrever, sobre a ideia de que, talvez, certo assassinato dos filhos se faça necessário para que a união entre um homem e uma mulher possa acontecer.

Referências

Badinter, E. (1985). *Um amor conquistado: o mito do amor materno*. Waltensir Dutra, trad. Rio de Janeiro: Nova Fronteira.

Corso, D. & Corso, M. (2010). *A psicanálise na terra do nunca: ensaios sobre a fantasia*. Porto Alegre: Artmed.

Eurípides. (1991). Medéia. In Eurípides, *Medéia. Hipólito. As Troianas*. Mário da Gama Kury, trad. Rio de Janeiro: Zahar.

Lacan, J. (1973). *Televisão*. Rio de Janeiro: Zahar.

Loraux, N. (1985). *Maneiras trágicas de matar uma mulher*. Mário da Gama Kury, trad. Rio de Janeiro: Zahar.

Stein, C. (1988). *As Erínias de uma mãe: ensaio sobre o ódio*. São Paulo: Escuta.

Sobre os autores

Adriana Grosman – Psicanalista e mestre em Psicologia Clínica pela Pontifícia Universidade Católica de São Paulo (PUC-SP). Membro e coordenadora do Grupo de Leitura: Conflito Mãe x Mulher, do Departamento de Psicanálise do Instituto Sedes Sapientiae. Membro da Escola de Psicanálise dos Fóruns do Campo Lacaniano e coordenadora da Rede de Pesquisa de Psicanálise e Feminilidade e da Rede Clínica do Fórum do Campo Lacaniano de São Paulo (FCL-SP).

Ana Clélia de Oliveira Rocha – Fonoaudióloga clínica, doutora em Linguística pela Universidade Estadual de Campinas (Unicamp), com pós-doutorado em Fonoaudiologia pela Pontifícia Universidade Católica de São Paulo (PUC-SP), e mestre em Distúrbios da Comunicação pela PUC-SP. Membro da Clínica Interdisciplinar Prof. Dr. Mauro Spinelli. Professora convidada do curso "O Falar da Criança: um diálogo interdisciplinar entre Fonoaudiologia e Psicanálise", do Instituto Sedes Sapientiae. Organizadora dos livros *A criança e a palavra: a linguagem e suas* *articulações* (CRV, 2018) e *Fonoaudiologia e linguagem oral: os práticos do diálogo* (Revinter, 2006).

Breno Herman Sniker – Psicólogo. Psicanalista. Mestre e doutor em Psicologia pela Universidade de São Paulo (USP). Membro do Departamento de Psicanálise do Instituto Sedes Sapientiae.

Daniela Escobari – Psicóloga e psicanalista em Nova York, nos Estados Unidos. Mestre em Psicologia Clínica pela Pontifícia Universidade Católica de São Paulo (PUC-SP). Mestre em *Intercultural Relations* pela Lesley University (Massachusetts, EUA). Membro da Associação Psicanalítica de Porto Alegre (APPOA). Autora do livro *Quem da pátria sai a si mesmo escapa?* (Escuta, 2009) e autora de capítulo do livro *Psicanálise afora: percurso e clínica de psicanalistas brasileiros no estrangeiro* (Blucher, 2021).

Juliana Gerken de Carvalho – Tem graduação em Engenharia, MBA em Gestão Empresarial, pós-graduação em Ciências Sociais com foco em Globalização e Cultura e formação em psicanálise. É integrante do Grupo de Leitura: Conflito Mãe x Mulher do Departamento de Psicanálise do Instituto Sedes Sapientiae e membro do Fórum do Campo Lacaniano de São Paulo (FCL-SP). Atende em consultório.

Malu Pessoa Loeb – Psicanalista e artista visual, formada pela Pontifícia Universidade Católica de São Paulo (PUC-SP) em 1994. Membro do Departamento de Psicanálise do Instituto Sedes Sapientiae. Sua formação e sua atuação são orientadas pela clínica lacaniana.

Maria da Graça Barreto Baraldi – Psicanalista, membro do Departamento de Psicanálise do Instituto Sedes Sapientiae. Atualmente faz parte do Grupo de Leitura: Conflito Mãe x Mulher do referido departamento. Coautora do artigo "Reflexões sobre a interdição do incesto perante as novas formas de procriação", publicado no livro *Interlocução sobre o feminino na clínica, na teoria, na cultura* (Escuta/Instituto Sedes Sapientiae, 2008).

Maria das Graças Amorim da Hora – Psicanalista, membro do Departamento de Psicanálise do Instituto Sedes Sapientiae. Atualmente faz parte dos Grupos de Leitura: Conflito Mãe x Mulher e Articulações Teórico-Clínicas: Freud e Lacan. Coautora do texto "Reflexões sobre a interdição do incesto perante as novas formas de procriação", publicado no livro *Interlocução sobre o feminino na clínica, na teoria, na cultura* (Escuta/Instituto Sedes Sapientiae, 2008).

Maria Zilda Armond Di Giorgi – Pedagoga, psicopegadoga e psicanalista. Atualmente, atua como psicanalista em clínica. Membro do Departamento de Psicanálise do Instituto Sedes Sapientiae. Participou do Grupo de Trabalho e Pesquisa O Feminino e o Imaginário Cultural Contemporâneo, do Instituto Sedes Sapientiae, de 2008 a 2014. Participa do Grupo de Leitura: Conflito Mãe x Mulher, também do Instituto Sedes Sapientiae.

Renata Calife Fortes – Formada em Administração de Empresas e Psicologia, é psicanalista pelo Instituto Sedes Sapientiae. Atua em clínica, atendendo adolescentes e adultos. Escreveu os seguintes artigos e monografias durante sua formação: *Transferência e feminilidade* (2012); *Mãe e filha: uma refeição tão delicada* (2013);

Morreu a mãe morta (2014) e *Considerações sobre um caso de psicose puerperal* (2015).

Renata de Magalhães Gaspar - Psicóloga e psicanalista, é mestre em Administração. Membro do Departamento de Psicanálise do Instituto Sedes Sapientiae e integrante, a partir de 2011, do Projeto de Pesquisa e Clínica Psicanalítica das Problemáticas Alimentares e do Grupo de Trabalho e Pesquisa em Problemáticas Alimentares do Departamento de Psicanálise desse mesmo instituto. Professora do curso de extensão "Introdução à abordagem psicanalítica das problemáticas alimentares" nessa mesma instituição.

GRÁFICA PAYM
Tel. [11] 4392-3344
paym@graficapaym.com.br